Justus Hermes

Zur Lehre von der Teilnahme am Verbrechen

Justus Hermes

Zur Lehre von der Teilnahme am Verbrechen

ISBN/EAN: 9783744668699

Hergestellt in Europa, USA, Kanada, Australien, Japan

Cover: Foto ©Suzi / pixelio.de

Weitere Bücher finden Sie auf **www.hansebooks.com**

Zur Lehre von der Theilnahme am Verbrechen.

Inaugural - Dissertation

zur

Erlangung der Doctorwürde in der Jurisprudenz

vorgelegt

der juristischen Facultät der Königl. Friedr. Wilhelms Universität zu Berlin

und

sammt den beigefügten Thesen

öffentlich zu vertheidigen

am 22. Juni 1878

von

Justus Hermes

aus

Boitzenburg u M.

Opponenten:

Bernhard Geppert, Dr. jur. }
Theodor Hemptenmacher } Kammer-Ger.-Referendarien.
Karl Müller }

Inhalts-Uebersicht.

I. Die Grundlagen der Lehre von der Theilnahme.

§ 1.

1. Der Begriff der physischen Causalität [1].

Die tägliche Lebenserfahrung, wie die Beobachtungen der Naturwissenschaft stimmen in dem Resultate überein, daß das ganze Gebiet der physischen Welt vom Causalitätsgesetze beherrscht wird. Der Inhalt dieses Gesetzes geht dahin, daß Alles, was geschieht, sich auf Ursachen zurückführen läßt, so daß es kein zufälliges Ereigniß in dem Sinne giebt, daß dasselbe seine Ursache in sich selbst habe. Unter Ursächlichkeit versteht man dabei ein solches Verhältniß zweier in verschiedene Zeitmomente fallende Thatsachen, daß der Fortfall der zeitig vorangehenden mit Nothwendigkeit auch den Fortfall der nachfolgenden Thatsache nach sich ziehen würde [2].

Jedes Ereigniß hat nun unendlich viele Ursachen. Denn ließe sich auch ein Erfolg A auf eine einzige unmittelbare Ursache B zurückführen, so muß diese wieder auf eine vorhergehende Ursache C zurückführbar sein, diese auf D u. s. w. Alle diese Ursachen B C D sind aber zu dem Erfolge A gleich wesentlich und nothwendig. Denn mit dem Fortfall einer Ursache, mag sie von A auch noch so entfernt sein, fallen nothwendig auch deren Folgen und damit der Enderfolg A fort. Auch ist es dabei gleichgültig, ob vielleicht bei Fortfall einer Ursache durch die Wirksamkeit einer

---

[1] Literatur: Mill, Logik Bd. 2, Luden, Abhandl. 2 S. 202 flde., Glaser, Abhandl. d. Oesterr. Straf. v. 1. S. 300 flde., Krug, Abhandl. S. 46 bis 72, von Bar, Causalzusammenhang S. 1 figde., von Buri, im Gerichtssaal 1870 S. 1 flde. Derselbe, Causalität und deren Verantwortung.

[2] Für die Rechtswissenschaft ist es eine nothwendige, daher des Beweises nicht bedürfende Voraussetzung, daß der Causalzusammenhang die Dinge an sich beherrscht und ihnen nicht etwa nur in der menschlichen Vorstellung anhaftet.

1 *

analogen Urſache ein äußerlich gleicher Enderfolg wie A, A¹ ein=
getreten wäre. Denn einmal läßt ſich, was geſchehen ſein würde,
niemals mit Sicherheit beurtheilen. Ferner aber ſind die Erfolge
A und A¹ eben nur äußerlich gleich, in Wahrheit verſchieden.
Wenn man aus einem Gebäude einen Stein herausnimmt und
ihn durch einen andern gleicher Beſchaffenheit erſetzt, ſo iſt das=
ſelbe in jeder für das menſchliche Intereſſe erheblichen Beziehung
das gleiche, wie früher, in Wirklichkeit aber iſt es in ſeiner
Exiſtenz doch verändert. Ebenſo iſt, wer dem Diebe eine Thür
geöffnet, dem Mörder die Waffe dargeliehen hat, phyſiſche Urſache
des vom Thäter herbeigeführten Erfolges, gleichviel, ob ohne ſein
Zuthun die That mit Hilfe eines Andern dennoch vollbracht wäre.
Das geiſtige Antlitz der That verändert ſich hier ebenſo, wie im
erſten Falle die körperliche Exiſtenz der Sache, wenn man eins
der urſächlichen Elemente des Erfolges wegnimmt und durch ein
gleichwerthiges erſetzt. Es giebt ſich daraus die Nothwendigkeit
und Gleichwerthigkeit aller zu einem Erfolge mitwirkenden Ur=
ſachen. —

Die Urſachen ſind von verſchiedener Art, entweder Natur=
ereigniſſe oder menſchliche Handlungen. Man unterſcheidet auch
Urſachen einer Erſcheinung, d. h. urſächliche Ereigniſſe und Be=
dingungen, d. h. urſächliche Zuſtände, doch iſt dieſer Unterſchied
ohne Werth, da jedes Ereigniß einen gewiſſen Zuſtand hervor=
bringt und jeder Zuſtand ſich auf Ereigniſſe zurückführen läßt. —

Es fragt ſich, ob auch die ſog. negativen Bedingungen eines
Erfolges als wahre Urſachen anzuſehen ſind. Dies ſind diejenigen,
welche den Eintritt des Erfolges nicht gehindert haben. Dieſe
Frage iſt zu verneinen. Denn während die wahre Urſache den
Eintritt des Erfolges bewirkt, kann man von der negativen Be=
dingung nur ſagen, ſie bewirkt nicht den Nichteintritt. Beide
Sätze ſind aber ganz verſchiedenen Inhalts; ſie würden nur dann
identiſch ſein, wenn man von der negativen Bedingung ſagen
könnte, ſie bewirke den Nicht=Nichteintritt. Aber um dies ſagen
zu können, müßte man wiſſen, ob, wenn die negative Bedingung
in der Richtung gegen den Eintritt des Erfolges gewirkt hätte,
ſie nun wirklich dieſen Eintritt gehindert hätte, oder ob ſie viel=
mehr durch ihre Wirkſamkeit, andere bisher ruhende Kräfte in

Bewegung gesetzt hätte, durch deren Concurrenz die negative Be=
wegung paralysirt und so der gleiche Enderfolg herbeigeführt wäre.
Da sich nun niemals feststellen läßt, ob und welche Kräfte der
letzteren Art in Wirksamkeit getreten sein würden, so kann auch
die negative Bedingung nicht als wahre Ursache gelten. Dies
erläutert sich leicht an einem Beispiel: Sejus tödtet in Titius
Gegenwart den Lucius. Titius läßt die That ruhig geschehen.
In seinem Nichtthun liegt dann eine negative Bedingung der
Tödtung des Lucius. Daß in seinem Verhalten keine positive
Ursache liegt, ergiebt die Probe, nach welcher jedes Ereigniß auf
seine Ursächlichkeit zu einem andern zu prüfen ist; denn, wenn man
den passiven Titius aus der Kette der Ereignisse fortdenkt, würde
die That gleichwohl vollbracht sein und in Titius kann daher keine
Ursache derselben liegen. Daran ändert sich auch Nichts, wenn
man annimmt, daß Titius mit der größten Leichtigkeit und Wahr=
scheinlichkeit den Erfolg hätte hindern können.

Auch würde der Begriff der Ursache, wenn derselbe zugleich
die negative Bedingung umfaßte, eine nebelhafte und ganz un=
brauchbare Ausdehnung erhalten. Denn der Begriff der negativen
Bedingung, des Nicht=Hinderns, enthält an sich kein Urtheil über
Möglichkeit, Zulässigkeit oder Gebotenheit der hindernden Thätig=
keit. Begründete daher die negative Bedingung überhaupt Ursäch=
lichkeit, so würde auch die dem Ursachenbegriff widerstrebende Con=
sequenz nicht abzuweisen sein, daß einem zeitig nachfolgenden Er=
eignisse Ursächlichkeit zu einem vorangehenden zukommen kann.
Sicherlich ist folgender Satz in seiner formalen Logik nicht anzu=
fechten: wenn Justinian dem Cäsar die Verschwörung des Brutus
entdeckt hätte, wäre Jener nicht von der Hand der Verschworenen
gefallen; Justinian würde daher durch sein Nichtthun Todesursache
geworden sein. Diejenigen, welche der negativen Bedingung Ur=
sächlichkeit zuschreiben, wollen diese Consequenz durch die Beschrän=
kung zurückweisen, daß der negative Ursacher die Macht zur Ver=
hinderung des Erfolges gehabt haben müsse, sonst liege keine Cau=
salität vor.[a] Ein innerer Grund für diese Beschränkung ist aber

---

[a] So Stübel, Thatbestand § 25, Luden Abhandl. 2. S. 251.
Noch unberechtigter ist die Distinction der älteren Theorie, wonach
negative Causalität nur vorliege, wenn die hindernde Thätigkeit rechtlich

hier, wo es sich um physische Causalität handelt, nicht ersichtlich; nur wenn es sich um Zurechnung der Schuld und Strafe handelt, kann es in Betracht kommen, ob die hindernde Thätigkeit möglich und andererseits, ob sie vom Recht geboten war. Nicht zu ver= wechseln mit der negativen Bedingung, dem Nichthindern, ist die Beseitigung eines Hindernisses. Diese involvirt ein positives Thun und begründet wahre Causalität. Ja sie läßt sich begriffs= mäßig gar nicht von der positiven Herbeiführung des Erfolges unterscheiden: man kann das Sinken einer Waageschale ebensowohl dadurch bewirken, daß man sie mit einem Gewichte beschwert, wie dadurch, daß man von der anderen Schale ein Gewicht fort= nimmt. [4]

§ 2.

2. Die Bedeutung dieses Begriffs für das Strafrecht.

Auch nach Ausscheidung der negativen Bedingung ist der Begriff der physischen Ursächlichkeit ein sehr weitgehender [5]).

Es wirft sich daher die Frage auf, ob dieser Begriff überhaupt für die Strafrechtswissenschaft von irgend welcher Bedeutung ist, ob nicht vielmehr diese Wissenschaft von einem andern, mit Rück= sicht auf ihre speciellen Zwecke und Interessen zu normirenden Causalitätsbegriff ausgehen muß? Letztere Annahme erscheint in= dessen nicht begründet. Denn die juristische Betrachtung der Dinge hat keine Macht über die Welt der Wirklichkeit, sie vermag keinem Ereignisse, das den wirklichen Rang einer Ursache hat,

---

geboten war; als ob ein Gebot oder Verbot des Rechts den physischen Causalismus beeinflussen könnte!

[4]) Vergl. Berner Theiln. S. 168, Binding die Normen ꝛc. S. 41, v. Buri Causalität S. 96—101. Mill a. a. O. S. 22 definirt zwar richtig die neg. Bedingung als die „Abwesenheit hindernder oder entgegen wirkender Ursachen", aber er macht sich der im Texte bezeichneten Verwechselung schuldig, da er in seinem Beispiele denjenigen, der eine Schleuse öffnet, so daß die bisher zurückgehaltenen Wasser hindurchströmen können, als nega= tive Bedingung der dadurch herbeigeführten Ueberschwemmung gelten lassen will.

[5]) So liegen z. B. die physischen Ursachen einer Tödtung nicht nur im Thäter, sondern auch in dessen sämmtlichen Ascendenten, ferner in der Person des Getödteten und dessen Vorfahren u. s. f.

diese Stellung zu nehmen und umgekehrt, keine Nichturfache zur Urfache umzuftempeln. Dies könnte sie nur vermöge einer Fiction, d. h. der bewußten Negation thatsächlicher Verhältnisse; aber für eine solche ist im Gebiete des Strafrechts kein Raum. Es nützt daher nichts, einen specifisch-juristischen Caufalitätsbegriff aufzu= stellen, sondern man muß, unter Zugrundelegung des allgemeinen Urfachenbegriffs, jeden strafrechtlichen Erfolg nach zwei Richtungen hin untersuchen: 1. Ist derselbe von einer bestimmten Person physisch verurfacht, 2. Ist diese Verurfachung dem Thäter zur Schuld zuzurechnen? Wenn das Recht eine Person straflos läßt, deren Thun nur in sehr entferntem Caufal=Zusammenhang mit einem Verbrechenserfolge steht, so thut es dies, weil es die zweite Frage verneint, nicht, weil es eine Urfache zur Nichturfache degradirt. [6]

Das physische Caufalitäts=Verhältniß ist nun für das Straf= recht von entscheidender Bedeutung. Jede strafbare Handlung (Verbrechen im weitesten Sinne) besteht aus zwei gleichwerthigen Elementen, nämlich der That und dem auf dieselbe gerichteten rechtswidrigen Willen.

[6] Die Aufstellung eines juristischen Caufalitätsbegriffes bezweckt die Seite 1 citirte Schrift von v. Bar. Dieselbe definirt die juristische Urfache (im Gegensatz zu der rein physischen, welche Bedingung genannt wird) folgender= maßen (S. 11 a. a. O.):

„Ein Mensch ist im rechtlichen Sinne Urfache einer Erscheinung, sofern er als die Bedingung gedacht wird, durch welche der sonst als regelmäßig gedachte Verlauf der Erscheinungen des menschlichen Lebens ein anderer wird."

Dagegen f. Binding, die Normen, Anm. 86 und von Buri Caufalität S. 1 — 13, welcher von Bar mit Recht eine „totale Verwechselung von Urfache und Schuld" zur Last legt. Der Grundgedanke der von Bar'schen Schrift basirt auf einer unmöglichen Voraussetzung. von Bar faßt einerseits den Caufalitätsbegriff nicht scharf genug, indem er auch die neg. Bedin= gungen als mögliche Urfachen gelten läßt, und giebt andererseits die selbst= ständige Existenz des Dolus auf, indem er denselben als directe, die Culpa als indirecte Caufalität auffaßt, wonach der Dolus als bloße Function der Caufalität erscheint. Gegen von Bar auch Meyer Lehrb. S. 188. Letzterer Schriftsteller definirt die Urfache als thätigste oder überwiegende Bedingung, „durch welche den Verhältnissen die entscheidende für den Erfolg maßgebende Richtung gegeben wird." Allein vermöge der Gleichwerthigkeit der Urfachen ist jede einzelne Urfache für den Erfolg maßgebend und entscheidend.

1. Die That ist die physische Verursachung eines strafrechts=
widrigen Erfolgs. Dieser Erfolg ist bei allen Verbrechen von
der ihn herbeiführenden Handlung begrifflich trennbar [7]).
Wie nahe, oder wie fern der Causalzusammenhang zwischen
Handlung und Erfolg sein muß, oder sein kann, darüber später.
Jedenfalls muß irgend ein Causalzusammenhang zwischen
Thäter und Erfolg existiren, um Ersteren verantwortlich zu machen,
fehlt es an einem solchen, so liegt nur eine scheinbare Thäter=
schaft vor [8]).

2. Aber auch für die Willensseite im Verbrechen ist der
physische Causalismus von entscheidender Bedeutung. Denn der
willensfähige Mensch kennt vermöge seiner Erfahrung die wichtig=
sten Gesetze des Causalzusammenhangs, er weiß, daß gewisse
Handlungen mit Wahrscheinlichkeit und fast Gewißheit gewisse
Erfolge nach sich ziehen. Indem er also eine solche Handlung
vornimmt, begründet er gegen sich die Vermuthung, daß er den
aus ihr hervorspringenden Erfolg gewollt habe, eine Vermuthung,

---

[7]) So in ausführlicher Entwickelung Beſſer Syſtem I S. 87—89. 243—250.

Der aufgestellte Satz ist für gewisse Verbrechen, z. B. Tödtung und
Brandstiftung, unbezweifelt; aber er gilt allgemein. Denn einmal setzt
jedes Verbrechen zu seiner Vollendung gewisse selbstständige Ursachen vor=
aus, die außerhalb des Handelnden liegen, also zu seiner Handlung hinzu=
treten müssen, um den verbrecherischen Erfolg herbeizuführen; z. B. erfor=
dert der Meineid die objective Unwahrheit des Beschworenen, die Beleidigung
eine beleidigte Person, u. s. w. Beſſer a. a. O. S. 89.

Aber auch wenn diese Nebenursachen bereits vorlagen, als der Han=
delnde thätig wurde, bleiben That und Erfolg begrifflich trennbar, da der
Mensch nicht einmal den einfachsten Erfolg mit Nothwendigkeit und Gewiß=
heit durch sein Thun herbeiführen kann, so daß That und Erfolg begriffs=
mäßig sich niemals decken. »Nicht einmal das Aussprechen eines einfachen
Wortes ist die nothwendige Folge der darauf gerichteten menschlichen Thä=
tigkeit; man denke an Stottern, Sich=Versprechen, falsche Aussprache eines
Fremdwortes. Darauf beruht es, daß bei allen Verbrechen begriffsmäßig
ein Versuch möglich ist (s. jedoch § 10). Mit Unrecht bestreiten Zachariae,
Versuch I § 47, Bauer, Abhandl. I S. 338 u. A. die Möglichkeit eines
Versuchs bei der Verbalinjurie; um nur ein Beispiel zu geben, denke man
an die nahe liegende, falsche und ganz mißverständliche Aussprache des
französischen le fat.

[8]) Dies wird allgemein anerkannt; gegen eine einzelne Abweichung Wächter's
(Lehrb. II § 182) s. Koestlin, Neue Rev. S. 461—463.

deren innere Kraft um so stärker ist, je näher der Causalzusam=
menhang ist, welcher Handlung und Erfolg verknüpft. So gewinnt
also die rein physische Causalbeziehung zwischen That und Erfolg
die Bedeutung eines Beweismittels für das Vorhandensein des
auf die Herbeiführung dieses Erfolges gerichteten verbrecherischen
Willens (Dolus) ⁹). Aber über die Bedeutung eines Beweismittels
erhebt sich derselbe nicht. Denn der menschliche Wille ist frei
in dem Sinne, daß er die Möglichkeit hat, sich gegen die ihn
beeinflussenden Factoren zu entscheiden und sich also auch dem
Einflusse seines Außenweltsbewußtseins, des Bewußtseins, daß auf
gewisse Thatsachen gewisse andere zu folgen pflegen, mehr oder
weniger zu entziehen. Diese Möglichkeit beruht, abgesehen davon,
daß sich der Mensch vermöge Irrthums, geistiger Wahnvorstellungen
und Aberglaubens über die Wirklichkeit und ihre Gesetze täuschen
kann, vor Allem auf dem gewaltigen Einflusse der Leidenschaft,
welche das Bewußtsein der Außenwelt oft schwächt und fast auf=
hebt, ohne doch die Zurechnung aufzuheben. So hat also der
verbrecherische Dolus gegenüber dem That und Erfolg verknüpfen=
den Causalzusammenhang eine selbstständige Existenz; er ist weder
mit Nothwendigkeit dann vorhanden, wenn dieser Causalzusammen=
hang ein sehr naher und offensichtlicher ist, noch deßhalb ausge=
schlossen, weil der Causalzusammenhang ein sehr entfernter ist. —

Eine ganz andere Bedeutung hat die Causalität zwischen
That und Erfolg für den Begriff der schuldhaften Fahrlässigkeit
(culpa). Zwar ist auch diese ein Willensact und ein Willens=
fehler ¹⁰).

⁹) L. 1 § D 3 ad leg. Corn. de sicar. 48, 8. Die Doctrin spricht hier von
einem Dolus ex re. „Quo proximior est eventus tristis laesioni, quo
frequentior ejus consequentia, eo evidentior est conclusio, quod caedis
destinatio abesse nequeat," Boehmer, medd. in CCC ad art. 137 § 6.
¹⁰) Schütze, Nothw. Theiln. S. 180. Die von Schütze daselbst S. 181 gege=
bene Definition der Culpa läßt zwar den dolosen und culposen Thäter
unterscheiden, aber sie giebt kein Merkmal für den Unterschied zwischen cul=
posem Thäter und Demjenigen, aus dessen Handlung ohne sein Verschulden
Schaden entstanden ist. Auch der Letztere hat, wie der culpose Thäter,
kein „Bewußtsein von der Rechtmäßigkeit und Unschädlichkeit seiner Hand=
lung", oder, wenn er dies Bewußtsein hat, ist es, wie der Erfolg zeigt,
unrichtig.

Aber gewollt ist hier nicht der verbrecherische Erfolg, sondern die ihn herbeiführende Handlung, und der auf diese Handlung gerichtete Wille ist deßhalb ein schuldhafter, weil der Thäter den schädlichen Erfolg seiner Handlung hätte voraussehen und die letztere unterlassen müssen. Voraussehen mußte er den Erfolg aber dann, wenn der Causalzusammenhang zwischen Handlung und Erfolg ein naher und offenliegender war. Eine culpa liegt also stets dann vor, wenn eine freigewollte Handlung einen rechts= widrigen Erfolg zur unmittelbaren Folge hat; sie bildet das noth= wendige Correlat eines nahen Causalzusammenhangs zwischen That und Erfolg [11]). Zwar kann unter Umständen auch ein mehr ent= fernter Causalzusammenhang zur culpa zurechenbar sein, namentlich bei dem versari in re illicita und bei der Vernachläßigung beson= derer Berufspflichten. Immerhin ist es wahr, daß die Culpa nicht, wie der Dolus, eine von der Thatseite des Verbrechers trennbare Willensrichtung ist, sondern nur in und mit dem Cau= salismus zwischen That und Erfolg gegeben ist. [12]) Hierauf be= ruht die Unmöglichkeit eines culposen Versuchs und einer culpa subsequens. [13])

---

[11]) Es kann deßhalb eine culpa vorliegen, wenn der Wille des Thäters direct auf den Erfolg gerichtet ist, aber die Annahme eines Dolus wegen fehlenden Bewußtseins der Rechtswidrigkeit ausgeschlossen ist. Dies ist z. B. der Fall, wenn Jemand in der irrigen Meinung, sich in Nothwehr zu befinden, einen Andern verletzt. Ein hierher gehöriger Fall wird richtig entschieden im Preuß. Allg. Landr. Th. II. Tit. 20 § 833. (Als fahrlässiger Tod= schläger soll bestraft werden, wer einem Todtkranken bona mente das Leben abkürzt.)

[12]) Krug, Abhandl. S. 268.

[13]) Der hier aufgestellten Unterscheidung — der dolose Thäter will den rechts= widrigen Erfolg, der culpose nur die den Erfolg herbeiführende Handlung — hält Bekker System a. a. O. entgegen, daß von einem Wollen des Erfolges überhaupt nicht die Rede sein könne, da zu demselben stets andere freie Ursachen mitwirkten. „Nur die Handlungen, die Bewegungen des Handelnden selbst können gewollt sein.“ Diese Theorie widerspricht dem menschlichen Bewußtsein, welches sowohl die guten wie die schlechten vom Menschen absichtlich herbeigeführten Erfolge demselben als gewollt zurechnet. Bekker selbst setzt an Stelle des Wollens das Voraussehen. Da es aber zum Dolus genügen soll, den schädlichen Erfolg als bloß möglich vorausgesehen zu haben (a. a. O. S. 278), so gewährt die Theorie von Bekker keinen be=

Nebenstehende Zeichnung möge die Darstellung dieses § er-
läutern (eine ähnliche bei v. Bar Caujalz. S. 39).

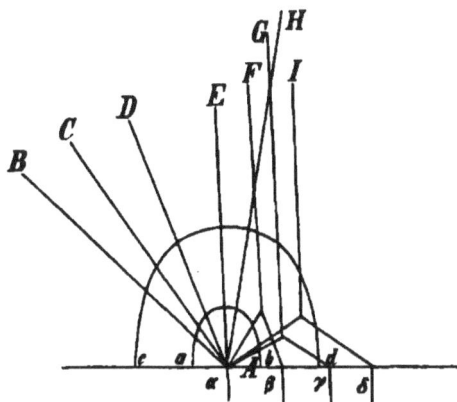

Durch die freie
Handlung einer
Person wird die
Kraft α in Be-
wegung gesetzt, wel-
che theils allein,
theils in Concur-
renz mit andern
selbstständigen
Kräften β, γ, δ
in den durch die
Linien AB, AC,
AD u. ſ. w. be-
zeichneten Richtungen thätig wird. Dann werden durch die Curve
a b diejenigen Wirkungen der Kraft α eingeschlossen, welche mit derselben in nächstem Caujalzusammenhang stehen, indem sie theils ohne
Concurrenz fremder Ursachen, theils unter Mitwirkung von nahe
liegenden, dem Thäter bekannten Ursachen entstanden sind. Für diese
Wirkungen besteht die Vermuthung, daß der Thäter, welcher die Kraft
α in Bewegung setzte, dieselben gewollt habe. [1]) Dagegen ist diese
Vermuthung ausgeschlossen für die durch die Curve c d eingeschlossenen
Erfolge, welche zwar ebenfalls mit der Kraft α in näherem Caujal-
zusammenhange stehen, aber nicht in so nahem, daß die Beweisfrage,
ob dieselben als vom Thäter gewollt anzusehen sind, schon auf Grund
des bloßen Caujalzusammenhanges bejaht werden kann. Vielmehr
sind diese Erfolge nur zur Culpa zurechenbar. Letzteres gilt auch
für die innerhalb a b liegenden Erfolge, wenn sich ergeben sollte,

griffsmäßig festen Unterschied zwischen Dolus und Culpa, da auch der
culpose Thäter unter Umständen den Erfolg als möglichen voraussieht.
Besser erkennt dies selbst an (S. 333 a. a. O.).

[14]) Ueber die innere Nothwendigkeit dieser Präsumtion ſ. noch Luden Hdbch.
S. 346 und Anm. 3, Krug, Dolus und Culpa S. 27. Letzterer bemerkt
mit Recht, daß es Sache des Thäters sei, nicht einen civilistischen Gegen-
beweis zu führen, aber doch Umstände glaubhaft zu machen, welche seine
bona fides erklären.

daß in Beziehung auf sie dem Thäter der Dolus gefehlt hat. Auch die außerhalb c d liegenden Erfolge muß der Thäter natürlich vertreten, wenn er sie gewollt hat, nur daß die Entfernung des Causalzusammenhanges hier eine Vermuthung gegen den Dolus begründet.

Der physische Causalzusammenhang zwischen That und Erfolg hat daher eine dreifache Bedeutung:

1) Er bildet die Thatseite des Verbrechens und damit ein wesentliches Begriffsmerkmal des letzteren.

2) Er liefert ein erhebliches Beweismittel für die Eruirung des verbrecherischen Dolus.

3) Er begründet die Existenz einer verbrecherischen Culpa.

§ 3.

3. Die Urheberschaft.

Urheber eines Verbrechens ist Derjenige, welcher mit dem auf den verbrecherischen Erfolg gerichteten Willen eine Handlung vornimmt, welche den Eintritt dieses Erfolges zur Wirkung hat[15]). Auf den Begriff des Dolus ist hier nicht näher einzugehen. Für den Beweis desselben ist vor allem erheblich die Nähe des Causalzusammenhanges zwischen That und Erfolg[16]), abgesehen davon sind Interesse und Zweck des Handelnden wichtige Beweismittel für die Frage, ob derselbe den Verbrechenserfolg gewollt hat, oder nicht. „Dabei ist es gleichgültig, ob der rechtswidrige Erfolg als Zweck, oder als unvermeidlicher, wenngleich unwillkommener Begleiter des Zweckes gewollt war[17]).“

Die Thatseite der Urheberschaft macht noch eine nähere Be-

---

¹⁵) Es wird hier nur vom belesen Urheber gesprochen.

¹⁶) Vergl. den vor. Paragraphen, wo auszuführen versucht ist, daß dieser Causalzusammenhang für den Begriff des Dolus nicht in Betracht kommt.

¹⁷) Krug, Dolus und Culpa S. 25. 26. v. Bar, Causalzus. S. 35. L 77 D de furt. 47. 2. Qui saccum habentem pecuniam surripit, furti etiam sacci nomine tenetur, quamvis non sit ei animus, sacci surripiendi. L 14, § 1 D. ad leg. Jul. adult. 48. 5: Si vir infamandae uxoris suae causa adulterum subjecerit, ut ipse deprehenderet, et vir et uxor adulterii crimine tenentur ex SCo. de ea re facto.

— 13 —

trachtung nöthig [18]). Zwar bei denjenigen Verbrechen, wo That und Erfolg äußerlich zusammenfallen, z. B. Beleidigung, Meineid, Unzuchtsverbrechen, entsteht hier keine Schwierigkeit. Aber bei anderen Verbrechen, wo dies nicht der Fall ist, z. B. Tödtung, Brandstiftung u. a., wirft sich die Frage auf: befreit der Umstand, daß zu dem Verbrechenserfolge noch andere selbstständige Ursachen mitgewirkt haben, den Urheber von der Verantwortlichkeit? Dies ist zu verneinen. Denn die That des Urhebers bleibt, trotz der Concurrenz anderer Ursachen, eine wirkliche, daher zum Erfolge absolut nothwendige Ursache desselben (§ 1), und dieser Erfolg muß daher dem Urheber, der ihn gewollt und herbeigeführt hat, ganz zugerechnet werden. Dieser Satz bedarf indessen einer Be= schränkung. Denn da vermöge der Unendlichkeit des Causal= zusammenhangs jede Handlung ewig in ihren Wirkungen fortlebt, kann dieselbe möglicherweise den verbrecherischen Erfolg zu einer Zeit herbeiführen, wo dem Thäter der verbrecherische Dolus ab= handen gekommen, oder sogar in sein Gegentheil umgeschlagen war, oder unter Umständen, welche dem Bewußtsein und Willen des Thäters gänzlich fern lagen. [19])

Für solche Fälle bleibt es zwar wahr, daß der Thäter durch seine Handlung Ursache des von ihm gewollten Erfolges geworden ist, aber es wäre unbillig, ihm diese Ursächlichkeit zur Schuld zu= zurechnen. Die gedachte Beschränkung ist dahin zu formuliren,

---

[18]) Literatur: Stübel, Thatbestand; Berner, Theilnahme, S. 180 flde.; Luden, Hdbch., S. 347 flde.; v. Bar, Causalzus., S. 63, 64.; v. Buri, J. Lehre von der Tödtung; derselbe, Causalität ꝛc. Hierher gehört auch die in Anm. 7 aufgeführte Literatur.
[19]) Vergl. die Beispiele, welche Geyer in der Anm. 21 citirten Schrift giebt: Jemand verwundet einen Andern in Tödtungsabsicht. Nach Heilung der Wunde verordnet der Arzt dem Patienten zu seiner Stärkung Portwein. Derselbe gewöhnt sich an diesen Genuß, wird ein Trinker und stirbt später am Delirium. — Jemand, der nach Amerika answandern will, wird am Tage vor der Abfahrt des Schiffes in Hamburg von einem Andern mör= derisch angefallen. Die Wunde ist zwar nicht gefährlich, zwingt ihn aber seine Abfahrt zu verschieben. Einige Tage darauf wird er nun von einem vom Dache fallenden Ziegel erschlagen. Alle Mordversuche, welche einen dauernd schädlichen Einfluß auf den Gesundheitszustand des Verletzten haben, würden als vollendete Verbrechen zu strafen sein, auch wenn der Verletzte noch ein Menschenalter hindurch lebt.

daß der Thäter wegen des von ihm verursachten Erfolges dann
nicht haftet, wenn dieser Erfolg durch einen solchen Verlauf der
Causalität herbeigeführt wird, welchen der Thäter nicht vorher=
gesehen hat, weil derselbe nach der gewöhnlichen Entwicklung der
Dinge gar nicht vorherzusehen war. Den dolosen Urheber entlastet
also die Mitwirkung solcher Ursachen, deren Concurrenz bei einer
nicht dolosen schädlichen Handlung das Vorhandensein einer Fahr=
lässigkeit ausschließt; vorausgesetzt natürlich, daß der Urheber diese
Ursachen nicht gekannt hat. [20]

Man darf aber nicht etwa weitergehen und, im Hinblick auf
Fälle, wie die in Anmerk 19 angeführten, die Zurechnung des Er=
folges vor dem Vorhandensein eines besondern „Willenszusammen=
hangs" zwischen der verbrecherischen Handlung und dem Erfolge
abhängig machen, so daß der Thäter für den Erfolg nur dann
verantwortlich wäre, wenn er die mitwirkenden Ursachen voraus=
gesehen und gewollt hat. Fordert man hier einen directen
Willenszusammenhang, so würde der Begriff der Urheberschaft viel
zu sehr beschränkt werden, da in den seltensten Fällen der Wille
des Handelnden alle Mitursachen umfaßt. Wenn z. B. Jemand
zur Winterszeit einen Andern in Tödtungsabsicht niederschlägt und
für todt liegen läßt, während der Verwundete zwar nicht tödtlich
verletzt ist, nun aber in seinem hilflosen Zustande erfriert, so wird
Niemand Bedenken tragen, hier eine vollendete Tödtung anzu=
nehmen. Gleichwohl kann der Wille des Thäters, der den ver=
brecherischen Erfolg schon eingetreten wähnte, nicht auf die Wirkung
der Kälte gerichtet gewesen sein. In vielen andern Fällen hat
der Thäter an die Wirksamkeit der außerhalb seiner Handlung
liegenden Ursachen thatsächlich nicht gedacht, wenngleich er daran
hätte denken können. Läßt sich nun auch für solche Fälle ein

[20] v. Buri Causalität, S. 30, v. Bar Causalzus., S. 63. Namentlich wird
eine Mitwirkung dritter Personen, von denen der Handelnde nichts wußte,
denselben regelmäßig entlasten. Vergl. l. 11 § 3 D. ad leg. Aq. 9. 2.
Celsus scribit, si alius mortifero vulnere percusserit, alius postea
exanimaverit, priorem quidem non teneri, quasi occiderit, sed quasi
vulneraverit, quia ex alio vulnere periit; posteriorem teneri, quia occidit.
cf. l. 15 § 1 D. eod. Ueber die Erklärung der widersprechenden l. 51 pr.
§ 1. 2. D. eod. siehe Luden Abhandl. II S. 264 flbe.

indirecter Willenszusammenhang construiren, sofern der Thäter die mitwirkenden Ursachen von seinem Willen nicht ausgeschlossen hat, so ist damit doch nichts gewonnen. Denn wenn man überhaupt außer dem Dolus des Thäters noch einen besondern Willens= zusammenhang für die ganze Entwickelung der Causalität erfordert, so ist nicht ersichtlich, wiefern ein indirecter Wille, der an sich eine bloße Culpa begründet, hier die Zurechnung des Erfolges zum Dolus rechtfertigen soll.

Vielmehr ist davon auszugehen, daß Jeder für das verant= wortlich ist, was er gewollt und gethan, d. h. verursacht hat. Nicht die Haftung des Thäters für mitwirkende Ursachen bedarf daher einer besonderen Rechtfertigung, sondern die constituirte Ausnahme von der Regel,[21]) und der Grund dieser Ausnahme ist nur in der Billigkeit zu finden.

---

[21]) Berner Theiln. S. 147, Häberlin, über dolus generalis, Geyer, z. Lehre v. dolus generalis, Schwarze, über den Umfang der Zurechnung ꝛc., Krug, z. Frage vom dolus generalis, außerdem die in Anm. 18 aufgeführte Literatur.

Die hier behandelten Fragen sind von der Doctrin gewöhnlich im An= schluß an die Lehre von der Tödtung behandelt worden. Die ältere Theorie forderte hier zur Anwendung der ordentlichen Strafe, daß der Tod des Ver= letzten unter Ausschluß anderer Miturfachen nothwendige Folge der ver= letzenden Handlung gewesen sei und zwar entweder in abstracto nothwen= dige Folge (Carpzov), oder in concreto nothwendige (Böehmer). Man untersuchte demzufolge die Lethalität der Verletzungen. Diese Theorie ist durch Stübel's Werk über den Thatbestand für immer beseitigt. Aber außer diesem negativen Ergebniß ist bisher ein positives Resultat hinsichtlich der Frage, welcher Art der Causalzusammenhang zwischen That und Erfolg gewesen sein muß, und ob irgend ein Causalzusammenhang genügt, in der Theorie bisher nicht erreicht; vergl. z. B. die wenig bestimmten Definitionen von Koestlin, Neue Rev. S. 453, System S. 257, Berner Theiln. S. 180, Lehrb. 6. Aufl. S. 480 („es sei beim Causalzusammenhange Ursache und Veranlassung zu unterscheiden").

Man ging bei den hierher gehörigen Untersuchungen von einem spe= ciellen Falle aus, wo nehmlich der Thäter, in der irrigen Meinung, das Verbrechen schon begangen zu haben, eine Handlung vornimmt, welche in Wirklichkeit erst den verbrecherischen Erfolg herbeiführt. Hier wurde der Begriff des dolus generalis constituirt (namentl. Koestlin Neue Rev. § 108), welcher dem Thäter bei seiner ganzen Handlungsweise innewohne und daher auch die zweite, den Erfolg herbeiführende That zur dolosen mache. Dagegen

Nach dem Gesagten ist der Thäter auch bei dem entferntesten Caufalzusammenhang dann verantwortlich, wenn er die mitwirken-den Ursachen gekannt oder vorausgesehen hat[22]).

überzeugend Berner Theiln. S. 147, Krug in der cit. Abhandl. S. 736.

Krug selbst gebührt das Verdienst, bei der Behandlung des gedachten Falls zuerst den Gesichtspunkt des Caufalzusammenhangs angelegt zu haben; er reducirt nehmlich die Verantwortlichkeit des Thäters für die zweite That aus dem Irrthum, in den sich der Thäter durch seine erste Handlung selbst versetzt habe. S. 741, 742 u. a. O. Aber Krug übersieht, daß es von diesem Gesichtspunkt aus keines Irrthums bedarf, da ja die erste Handlung des Thäters an sich mit dem Erfolge im Caufalzusammenhang steht.

Den Krug'schen Gedanken verallgemeinernd, stellte v. Buri Lehre von der Tödtung (S. 757) im Wesentlichen die hier beibehaltene Ansicht auf, aber ohne jede Beschränkung, so daß es für die Zurechnung des Erfolges stets genügen soll, wenn derselbe überhaupt mit der Handlung des Thäters in Caufalzusammenhang steht.

Gegen die extremen Consequenzen dieser Theorie wendet sich mit Recht Geyer in der cit. Abhandlung. Aber seine eigene Unterscheidung zwischen Naturkräften (einschließlich der unbewußten Menschenkräfte), welche der Thäter zu vertreten habe und geistigen Kräften, welche dem Thäter nur dann zuzurechnen seien, wenn er sie gekannt und benutzt habe, ist nicht aus-reichend. Auch die Mitwirkung von Naturkräften, welche ganz ungewöhn-lich sind, befreit den Thäter; dies wäre z. B. der Fall, wenn ein mörderisch Angefallener, der vor Erschöpfung liegen bleibt, von einem aus der Me-nagerie entsprungenen Raubthiere getödtet wird.

v. Buri selbst geht in seiner neuesten Schrift, Caufalität 2c., von einem ganz andern Standpunkt aus und sucht einen Willenszusammenhang zwischen Handlung und Erfolg zu constituiren. (S. 15 flde. u. a. O.) Es läßt sich wohl nicht verkennen, daß dieser Willenszusammenhang ein bloß indi-recter sein kann, vergl. dagegen das im Text Bemerkte.

Schwarze in der cit. Abh., ebenso v. Bar Caufalz. wollen dem Thäter solche Ereignisse zurechnen, welche nach dem gewöhnlichen Lauf der Dinge nicht als außergewöhnliche zu betrachten sind. Schwarze versucht für solche Fälle ebenfalls einen Willenszusammenhang zu constituiren. v. Bar's Auf-fassung folgt aus seinem Ursachenbegriff.

[22]) v. Bar, Caufalz. S. 31 bemerkt mit Recht, daß dies Voraussehen nicht alle Einzelnheiten zu umfassen braucht. Der Handelnde übersieht dieselben regelmäßig so wenig vollständig, wie man beim Anblick eines Aehrenfeldes der einzelnen Aehre oder beim Lesen des einzelnen Buchstaben gewahr wird. Ebenso wenig ist es erforderlich, daß der Handelnde die Gesetze kennt, nach denen sich die Wirksamkeit seiner Handlung vollzieht. Vergl. v. Buri Caufalität S. 20.

In den gewöhnlich zum dolus generalis gerechneten Fällen kann daher sowohl eine Concurrenz von doloser und culposer Handlung vorliegen, als ein einfaches doloses Delict. Letzteres ist ausgeschlossen, wenn der Thäter zur Zeit seiner ersten Handlung seine zweite Handlung und daß durch dieselbe möglicherweise der verbrecherische Erfolg werde herbeigeführt werden, nicht voraus= gesehen hat und nicht hat voraussehen können. Dies ist nament= lich dann der Fall, wenn die zweite Handlung in reuiger Gesin= nung oder in der Absicht, den Erfolg zu vermeiden vorgenommen ist (ungeschickte Rettungsversuche), da der Thäter zur Zeit seiner ersten Handlung nicht voraussehen konnte, daß sich später seine Gesinnung gegen das Verbrechen erklären und daß er gerade in dieser veränderten Gesinnung den Erfolg herbeiführen werde. Da= gegen ist der Erfolg vom Thäter zu vertreten, wenn derselbe von vornherein zur zweiten Handlung entschlossen war (z. B. Begraben des Getödteten). Wenn die Zurechnung des Erfolges zum Dolus ausgeschlossen ist, kann eine Concurrenz von Versuch und fahr= lässigem Verbrechen vorliegen, sofern nämlich die zweite Handlung vom Standpunkt derjenigen Zeit geprüft, wo sie begangen ist, sich als eine fahrlässige darstellt.

Die hier entwickelten Grundsätze über Zurechnung des Erfolgs finden auch für das geltende Deutsche Strafrecht Anwendung, da das deutsche Strafgesetzbuch die Begriffe der Urheberschaft und Thäterschaft nicht definirt, auch keine allgemeinen Grundsätze über Zurechnung des Erfolges aufstellt, so daß die aus der Natur der Sache gewonnenen Principien zur Anwendung zu bringen sind[23]).

---

[23]) Das Strafgesetzbuch hat auch keine festen technischen Bezeichnungen für die hier behandelten Begriffe. Es versteht unter „Thäter" nicht bloß den Thäter im juristischen Sinne, sondern auch den bloß physischen Thäter (§§ 51—54 St.=G.=B.) und andererseits jeden an der Strafthat Bethei= ligten, mit Einschluß der Gehülfen und Anstifter (§§ 54. 63 St.=G.=B.). Zur Bezeichnung der Handlung des Thäters dienen die Ausdrücke: „be= gehen" (§§ 49, 50 flde., 74, 185 a. a. O. u. öfter); „ausführen" (§ 47); „verüben" (§§ 80. 122 u. öfter); „sich schuldig machen" (§§ 94 flde. 330); „vornehmen" (§§ 102. 174. 176). Zur Bezeichnung der Causalität dient gewöhnlich das Wort „verursachen", aber auch „herbeiführen" kommt in diesem Sinne vor (§§ 309. 314 a. a. O.).

Vergl. Schwarze, Commentar z. St.=G.=B. Excurs XI. § 2.

2

Für den Begriff der Urheberschaft ist es gleichgültig, ob der Handelnde seinen verbrecherischen Dolus unmittelbar durch physische oder unfreie Menschenkräfte ausführt oder mittelbar dadurch ausführt, daß er eine dritte Person zur absichtlichen Verursachung des verbrecherischen Erfolges bestimmt. [24])

II. Die Theilnahme am Verbrechen im Allgemeinen.

§ 4.

1. Begriff der Theilnahme und verschiedene Arten der Theilnehmer.

Unter Theilnahme am Verbrechen versteht man die schuldhafte Betheiligung mehrerer Personen an der Hervorbringung eines verbrecherischen Erfolges [25]).

Von der Theilnahme am Verbrechen sondert die herrschende Meinung diejenigen Fälle aus, bei welcher auf Seiten eines der Betheiligten eine bloße Fahrlässigkeit vorliegt [26]). Ebenso wird von den Meisten die sog. nothwendige Theilnahme, d. h. die Theilnahme bei solchen Verbrechen, welche begriffsmäßig eine Mehrheit zusammenwirkender Personen erfordern, aus der Lehre von der Theilnahme ausgeschlossen, indessen mit Unrecht [27]).

Wenn nun mehrere Personen an einem Verbrechen dolos sich betheiligen, so fragt es sich, nach welchen Gesichtspunkten ihre

---

[24]) Neuerdings ist der Begriff der Urheberschaft scharf angefochten von Schütze Nothw. Theiln. S. 17—23 und § 41, welchem beitritt Meyer Lehrb. § 45. Schütze stellt gegenüber Thäter — betheiligte Nicht-Thäter (Anstifter und Gehülfen). Wenn Schütze bemerkt, daß nur der Thäter das Verbrechen „begehe", nicht der Anstifter, so ist zu bemerken, daß der Ausdruck „begehen" nicht einmal auf alle Fälle der Thäterschaft gut paßt. Man wird von demjenigen, der einen Wahnsinnigen zu einem Verbrechen veranlaßt, einen Hund anhetzt u. s. w., nicht gut sagen können, daß er den von ihm verursachten Verbrechenserfolg „begehe", obwohl derselbe unzweifelhaft Thäter ist. Ferner bemerkt schon Bauer Abhandl. I. S. 417 mit Recht, daß man nicht gut von einem „Thäter" des Omissivdelicts sprechen könne. Wenn aber Schütze den Anstifter nicht als Urheber, sondern als bloßen Theilnehmer gelten lassen will, so siehe dagegen § 6 Anm. 61.
[25]) Berner Lehrb. S. 190.
[26]) Vergl. darüber § 13.
[27]) Dafür überzeugend Schütze, Nothw. Theiln. S. 316—410.

Schuld zu bemessen ist. Diese Frage ist erst von der neueren Rechtswissenschaft in befriedigender Weise gelöst worden[28]).

Das Römische Recht kennt keine allgemeine Strafbarkeit der Theilnehmer als solcher; es bestraft bei den meisten Verbrechen einzelne Gattungen der Theilnahme und nur bei wenigen Verbrechen die Theilnahme überhaupt[29]). Andrerseits fehlt es dem Römischen Recht an einer Würdigung des Schuldunterschieds der Theilnehmer, so daß regelmäßig alle Theilnehmer wie der Thäter bestraft werden. Dies gilt unbezweifelt für die Privatdelicte, aber auch für die Mehrzahl der crimina publica. Erst die spätere Praxis und kaiserliche Constitutionen führten in letzterer Beziehung zu Milderungen. Im Justinianischen Recht findet sich eine mildere Bestrafung der Gehülfen bei den Verbrechen des raptus virginum, Nili aggerum ruptio, termini motio, haeresia, lenocinium u. a., während beim crimen majestatis, parricidium, adulterium und libellus famosus alle Theilnehmer gleich gestraft werden[30]).

Das kanonische Recht unterscheidet zwar in dem bekannten Cap. 6 X de homicid. 5. 12 und einigen andern Stellen verschiedene Arten der Theilnahme hinsichtlich der Strafbarkeit, aber ohne genügende begriffliche Formulirung[31]).

Auch das deutsche Recht vor der Carolina gewährt zwar umfangreiches Material und bietet in der „Gefolgschaft" eine eigenthümliche Gestaltungsform der Theilnahme, aber feste Begriffe sucht man vergebens. Sowohl für die Zeit der Volksrechte als für die der Rechtsbücher ist es zweifelhaft, ob dieselben den Gehülfen milder strafen, als den Thäter[32]).

Die italienischen Praktiker unterscheiden im Anschluß an das

---

[28]) Ausführliche Rechts- und Dogmengeschichte bei Geib Lehrb. II. S. 325 bis 342, Schütze, nothw. Theiln. S. 82—168.

[29]) S. die bei Langenbeck Theiln. S. 20—23 citirten Stellen.

[30]) Rein. Crim.-Recht d. Römer S. 185. 169, Wächter Lehrb. I. S. 145, Langenbeck a. a. O. §§ 11 flde. 17 (abweichend).

[31]) Vergl. außer den bei Geib a. a. O. S. 330 Citirten: Langenbeck a. a. O. S. 105—118, Schütze a. a. O. S. 95—104. München Kanon. Strafr. II. S. 75—94 giebt nichts Neues.

[32]) S. die verschiedenen Ansichten bei Geib a. a. O. S. 330—339 und über die Gefolgschaft John, Strafr. in Norddeutschland, S. 228, Wilda, Strafr. der Germanen S. 609 flde.

Römische und kanonische Recht den Thäter (principalis) von dem
Gehülfen (auxiliator) und bestrafen Letzteren gelinder, sofern er
nicht causam delicti praebuit oder sich mit dem Thäter verab=
redet hat [33]). Aber es fehlt ihnen der Urheberbegriff, und deßhalb
werden sie namentlich der Anstiftung nicht gerecht, sondern behan=
deln die einzelnen Fälle intellectueller Theilnahme (namentlich
mandatum und consilium) casuistisch und unter unpassender An=
wendung civilistischer Analogien.

Die Carolina bestimmt in Art. 177, daß die Theilnehmer
nach dem Grade ihrer Schuld verschieden gestraft werden sollen,
aber sie verweist im Uebrigen auf das geltende Recht.

Demzufolge verblieben auch die Schriftsteller der folgenden
Zeit im Wesentlichen auf dem Standpunct der Italiener. Na=
mentlich gilt dies von Carpzov [34]). Erst im 18. Jahrhundert be=
ginnt, namentlich unter dem Einflusse von Pufendorf, eine be=
griffsmäßige Behandlung dieser Lehre vom Gesichtspunkt der
Causalität. Dies führte zwar zunächst zu einer Klärung der Be=
griffe und namentlich zum definitiven Ausschluß der Begünstigung
und ratihabitio aus dem Gebiete der Theilnahme [35]).

Aber indem man auf diesem Wege weiter ging und die Cau=
salität zum Unterscheidungsmerkmal zwischen Urheberschaft und
Beihülfe erhob, gelangte man zu unhaltbaren Ergebnissen. Dies
geschieht Seitens der sog. objectiven Theorien, welche Urheber und
Gehülfen nach dem Umfange der von ihnen zum Verbrechens=
erfolge gelieferten Causalität unterscheiden und nach diesem Ge=
sichtspuncte die Kategorien der nahen, entfernten, wesentlichen, un=
wesentlichen, Haupt= und Nebentheilnahme aufstellen. [36])

[33]) S. Clarus, de crim. lib. V § ü. qu. 90 und die Citate bei Geib S. 338,
Hälschner, Preuß. Strafr. II S. 304.

[34]) Vergl. dessen pract. nov. pars I qu. 1 num. 29, qu. 4, qu. 22 num. 30 flde.,
pars II qu. 87 num. 15. 17.

[35]) Boehmer, medd. in C. C. C. ad art. 177 §§ 1, 9.

[36]) Die bedeutendsten Vertreter dieser Richtung sind: Feuerbach, Rev. § 16 flde.,
Lehrb. §§ 44, 45, Stübel, im Thatbestand und der Theilnahme, Quistorp,
Grundsätze S. 67—78, Grolman, Grundsätze § 32 flde., Oersted, Grund=
regeln S. 188, Kleinschrod, System. Entwickelung S. 257 flde. Vergl. fer=
ner Luden, Abhandl. II S. 332—396, Hbbch. S. 433—479 und gegen den=
selben Berner, Theiln, S. 311—328.

Allein da, um überhaupt Jemand wegen eines Verbrechens strafrechtlich verantwortlich zu machen, vorausgesetzt wird, daß derselbe eine Ursache zu dem Verbrechenserfolge geliefert habe (§ 2), da ferner alle Ursachen gleich wesentlich und nothwendig zum Erfolge sind (§ 1), so ist vom Gesichtspunct der Causalität betrachtet, jeder am Verbrechen Betheiligte im vollen Maaße Urheber desselben und trägt daher die gleiche Verschuldung [37].

Die Consequenz der objectiven Theorien führt daher zur gleichen Bestrafung aller Theilnehmer, und diese Theorien erklären sich eben damit außer Stande, der Forderung des Rechtsbewußtseins, welches unabweisbar an einem Unterschiede in der Strafbarkeit der Theilnehmer festhält, Genüge zu leisten. Das Unvermögen der objectiven Theorien führte dazu, Urheber und Gehülfen nach subjectiven Momenten ihrer Handlung zu unterscheiden. Darauf beruhen die subjectiven Theorien [38], welche in verschiedenen Wendungen Zweck, Absicht und Interesse des Handelnden als unterscheidendes Kriterium aufstellen. [39]

---

[37] Dieser Consequenz hat sich der bedeutendste Vertreter der objectiven Theorie, Stübel, nicht entziehen können. Während derselbe in seinem Werk über den Thatbestand nahe und entfernte, die Letzteren in Haupt- und Nebentheilnehmer unterscheidet, faßt er in der „Theilnahme" alle Theilnehmer als Urheber auf und läßt für die Beihülfe nur ein verschwindendes, auf bestimmte Delicte beschränktes Gebiet übrig.

[38] Der subjective Standpunkt ist zuerst mit Bewußtsein vertreten bei Günther (Westphal) de consortibus criminum 1760; vergl. § 6 daselbst:

auctor est, qui proprio nomine scelus produxit, qui non proprio nomine, sed in auctoris gratiam delicti producendi dolo malo causa sit, dicitur socius: nostra ex opinione is, a quo consummatio delicti proficiscitur, interdum socius esse, non auctor dici potest.

Ihre feste Begründung erhielt diese Theorie durch Berner, Theilnahme und Koestlin, Neue Rev. S. 447 flde., System S. 257 flde.

[39] Koestlin N. Rev. § 130 unterscheidet Urheber und Gehülfen, je nachdem der Handelnde sich selbst als Zweck, oder als Mittel für einen andern Zweck gesetzt habe. Derselbe (System S. 250, 257, 275) lehrt, daß der Urheber eine eigene Absicht verfolge, der Gehülfe die Ausführung der fremden Absicht unterstützen wolle. Auf der Verschiedenheit der Absicht beruhen ferner die Definitionen von Berner, Theilnahme S. 171 flde., 207 flde., Bauer Abhandl. I. S. 413, 419, Zachariae Theilnahme (1851) S. 215, Hälschner Preuß. Strafr. II. S. 324 (welcher außerdem verlangt, daß der Gehülfe die

Demgegenüber ist in neuerer Zeit wieder ein größeres Ge=
wicht auf den Thatantheil der Theilnehmer gelegt worden, indem
man Urheber und Gehülfen nach dem Charakter ihrer Handlung
unterscheidet, und lehrt, daß der Gehülfe nicht die Haupthandlung
vornehmen, das Verbrechen nicht „begehen" dürfe, ohne dadurch
zum Urheber zu werden; daß der Thäter die strafbare Handlung
durch körperliche Thätigkeit hervorbringe, d. h. sie ausführe, da=
gegen die That des Gehülfen nur in Vorbereitungshandlungen be=
stehen dürfe[40]).

Allein diesen Theorieen gegenüber ist daran festzuhalten, daß
der Begriffsunterschied der verschiedenen Arten der Theilnehmer
nur subjectiv und zwar nach der Verschiedenheit des formalen
Willens der Theilnehmer festgestellt werden kann. Thäter und
Gehülfe wollen beide den verbrecherischen Erfolg, aber während
Jener den Erfolg selbst, durch eigene Thätigkeit herbeiführen will,
will dieser die Herbeiführung nur unterstützen. Nicht das ist ent=
scheidend, ob die That des Handelnden eine Ausführung des Ver=
brechens oder eine Unterstützung der Ausführung enthält, sondern
es kommt darauf an, ob der in der That lebendige Wille auf
eigene Ausführung oder Unterstützung der fremden Ausführung ge=
richtet war. Allerdings ist den in Anmerkung 40 genannten
Schriftstellern darin beizutreten, daß der Gehülfe im Allgemeinen
die Haupthandlung nicht begehen kann, daß mit der Ausführung
der letzteren seine Absicht sich nothwendig zum Dolus der Selbst=
begehung gestaltet, ohne daß es auf die Motive des Handelnden
ankommt und daß den Letzteren ebensowenig eine Mentalreservation

verbrecherische Absicht nicht aus sich selbst producirt habe). (Geib Lehrb. II.
S. 318 lehrt, der Urheber betreibe die Hervorbringung des Verbrechens als
eigene, der Gehülfe als fremde Angelegenheit. (Glaser, ges. kleine Schriften
S. 145, 146, 151 schreibt dem Gehülfen eine unbestimmte Absicht zu: dieser
handle mit dem Willen, daß das Verbrechen möglich, der Thäter mit dem
Willen, daß es wirklich werde. Vergl. ferner von Buri Abhndlgn.
S. 155 flde., Causalität S. 123 flde.

[40]) Berner Grundsätze S. 45, Lehrb. 5. Aufl. S. 182, 8. Aufl. S. 108, ferner
Krug, Abhandl. S. 73 — 100, Geyer in Goltd. Arch. Bd. 16 S. 603,
Ders. Erört. S. 149, 150, Schütze Rothw. Theiln. § 46, Lehrb. S. 155.
(Gegen Schütze ist der Aufsatz von v. Buri über Theiln. im Gerichtssaal
1870 gerichtet.

schützen kann, wie die Erklärung, er wolle das fremde Verbrechen nur unterstützen, welche eine protestatio facto contraria sein würde. Aber der Grund dieser Entscheidung liegt eben in der Willens= nicht in der Thatseite der verbrecherischen Handlung, er liegt im Willen des Handelnden, auf dessen Existenz ein in concreto ganz sicherer Schluß aus der Causalität der That zum Er= folge gezogen wird. Die Thatseite des Verbrechens kommt also nicht als unterscheidendes Begriffsmerkmal, sondern nur als In= dicium, als Beweismittel für den Urheberdolus in Betracht. Daraus ergiebt sich, daß, wenn der Gehülfe, welcher die Haupt= handlung begangen hat, über die Qualität der letzteren sich im Irrthum befand, nur Beihülfe vorliegt⁴¹).

Der Fehler der abweichenden Theorie besteht also darin, daß sie den Thatantheil des Theilnehmers, welcher für den Nach= weis des Dolus, also nur im concreten Falle von Erheblichkeit ist, zu einem abstracten Begriffsmerkmal erhebt. Dadurch werden zugleich die andern zur Eruirung des Dolus des Theilnehmers in Betracht kommenden Beweismittel ungebührlich vernachlässigt. Hierher gehören namentlich Zweck und Interesse des Handelnden; diese gewähren, wenn die That keinen sicheren Rückschluß auf den Willen gestattet, wichtiges Material zur Entscheidung der Frage, ob der Theilnehmer den Erfolg hat herbeiführen, oder die Herbei= führung unterstützen wollen⁴²). Aber eine Uebertreibung des sub=

---

⁴¹) v. Buri Abhandl. S. 120, Causalität S. 126.

Beispiele: A. will den B. in der Ermordung des C. dadurch unter= stützen, daß er diesen durch ein Betäubungsmittel bewußtlos macht, worauf B. die Tödtung ausführen soll. Durch Anwendung eines falschen Mittels führt A., ohne es zu wollen, selbst unmittelbar den Tod des C. herbei. — B. will den C. ermorden. Er bestimmt den A., ihm bei der That in der Weise Hilfe zu leisten, daß A. auf den C., welcher immer ein Panzerhemde trägt, von vorn einen Scheinangriff machen soll, worauf B. von hinten dem Angegriffenen eine Schlinge um den Hals werfen und ihn erdrosseln soll. Am Tage, wo die That zur Ausführung gelangt, hat C. zufällig das Panzerhemde abgelegt und fällt auf den ersten Stoß des A. — Andere hierher gehörige Fälle siehe in § 9 Anm. 88, 89.

⁴²) Deßhalb ist z. B. bei Eigenthumsverbrechen bei einer auch entfernteren Theilnahmehandlung Mitthäterschaft anzunehmen, wenn der Theilnehmer an den Vortheilen der That participiren wollte, also an der Erreichung des verbrecherischen Erfolges ein eigenes selbstständiges Interesse hatte.

jectiven Standpunktes ist es, Zweck und Interesse zum Begriffsmerkmal der Urheberschaft und Beihülfe zu machen, und deshalb
ist vorhin gesagt worden, daß die Verschiedenheit des formalen
Wollens die Theilnehmer unterscheidet. Damit soll ausgedrückt
werden, daß, sofern der Wille des Theilnehmers auf Selbstbegehung gerichtet ist, der Bestimmungsgrund dieses Willens nicht
in Betracht kommt, mit andern Worten, daß es gleichgültig ist,
ob der Theilnehmer den Verbrechenserfolg hat hervorbringen wollen, deshalb weil er ihm erwünscht war, oder, trotzdem er ihm
gleichgültig oder zuwider war.

Die subjektive Theorie in dem hier entwickelten Sinne liegt
auch den Bestimmungen des Strafgesetzbuchs (§§ 47, 49) zu
Grunde. Dasselbe ist mit Bewußtsein von dem im preußischen
Strafgesetzbuch vom 14. April 1851 herrschenden objectiven Standpunkt abgewichen, und wenn dasselbe für die Mitthäterschaft eine
„gemeinschaftliche Ausführung", für die Beihülfe eine „wissentliche
Hülfeleistung" zur Begehung des Verbrechens erfordert, so sind
diese Kategorien subjectiv, nach dem Willen der Theilnehmer zu
bestimmen[43].

§ 5.
2. Die Mitthäterschaft.

Wenn mehrere Personen mit dem Dolus des Thäters durch
ihre Handlungen zusammen einen Verbrechenserfolg hervorbringen,
so entscheidet sich ihre Verantwortlichkeit nach den allgemeinen
Grundsätzen über Zurechnung des Erfolgs[44]. Denn, wie der

---

[43] Motive S. 63: „Nicht sowohl das Maaß und die Bedeutung der Mitwirkung zu der That, als vielmehr die Absicht, aus welcher sie entsprungen,
wird, nach wie vor, das wesentlich entscheidende Moment bilden." Uebereinstimmend Schwarze; Commentar Excurs XI. §§ 1, 2. Abweichend
Berner, Schütze, Geyer in den Anm. 40 genannten Schriften. Gegen den
Berner'schen Parallelismus der Vorbereitungs- und Beihülfe-Handlungen
s. auch Schütze Lehrb. 2. Aufl. S. 159. Die Praxis schwankt, wie die bei
Oppenhoff, Commentar zu § 47 num. 13, 18 citirten Entscheidungen aus-
weisen.

[44] A. M. Meyer Lehrb. S. 222. Wenn aber dieser Schriftsteller die Verantwortlichkeit des Mitthäters darauf zurückführt, daß derselbe den schuldhaften
Willen eines anderen benutze, so fällt eben doch diese Benutzung dem
Mitthäter nach den allgemeinen Grundsätzen über Zurechnung des Erfolges
zur Last.

Einzelthäter für alle ihm bekannten Miturſachen des Erfolgs ver=
antwortlich. iſt, ſo haftet auch hier jeder Thäter für die durch die
anderen Theilnehmer gelieferten Urſachen, ſofern ihm die Wirk=
ſamkeit dieſer Perſonen bekannt war. Regelmäßig entwickelt ſich
dabei mit dem gegenſeitigen Bewußtſein vom Thun des Anderen
auch eine Gemeinſchaftlichkeit der demſelben Ziel zuſtrebenden
Willen und eine Gemeinſchaftlichkeit der Ausführung: dies iſt der
Fall der Mitthäterſchaft im eigentlichen Sinne[45]. Hier begründet
die intellectuelle Einwirkung, welche jeder Thäter durch ſeine
Handlung auf den andern ausübt, einen Strafzumeſſungsgrund[46].
Aber nothwendig iſt eine ſolche Gemeinſchaftlichkeit des Willens
und der Ausführung keineswegs, ſondern die Zurechnung des durch
Mitwirkung anderer Thäter herbeigeführten Erfolges iſt nur dann
ausgeſchloſſen, wenn dem Thäter dieſe Mitwirkung unbekannt
war[47]. In letzterem Falle fällt jedem an dem Verbrechen Be=
theiligten, welcher den Urheberdolus hat, ein Verſuch in Concurrenz
mit einem fahrläſſigen Delicte zur Laſt[48].

§ 6.
3. Die Anſtiftung.

Anſtifter iſt derjenige Urheber, welcher ſeinen auf Herbeiführung
eines beſtimmten verbrecheriſchen Erfolges gerichteten Willen[49] da=

---

[45] St.=G.=B. 47. — Dieſe Gemeinſchaftlichkeit des Willens iſt keineswegs,
wie man behauptet hat, eine Fiction, ſondern gerade ſo ſehr begründet, wie
ein Civilrecht, vergl. Nov. Leon. LXX.

[46] Dafür beſonders Schütze, Nothw. Theilnahme, an vielen Stellen.

[47] S. Schütze a. a. O. § 32 und die dort angeführten Beiſpiele. Die richtige
Anſicht auch bei Luden Abth. II. S. 351, der darauf den Unterſchied von
wechſelſeitiger, einſeitiger, einſeitig gegenſeitiger Theilnahme gründet. Nach
dem geltenden Recht können in dieſem Falle die Theilnehmer nicht als Mit=
thäter beſtraft werden (da eine gemeinſchaftliche Ausführung im Sinn des
§ 47 St.=G.=B. nicht vorliegt), ſondern Jeder als Einzelthäter.

[48] Z. B. wenn mehrere Perſonen, ohne von einander zu wiſſen, einem Dritten
in Tödtungsabſicht Gift geben und der Tod durch das Zuſammenwirken der
mehreren Doſen erfolgt. Die Zurechnung des vollendeten Erfolgs iſt aus=
geſchloſſen, weil hier für jeden Theilnehmer die ihm unbekannte Mitwirkung
der Andern ein ganz außergewöhnliches, daher nicht vertretbares Ereigniß
bildet (§ 3).

[49] Deshalb iſt der agent provocateur regelmäßig nicht Anſtifter, ihm fehlt
der Dolus. S. Geyer, Erört. S. 143. 144.

durch verwirklicht, daß er eine dritte Person zur dolosen[50]) Herbei=
führung dieses Erfolges bestimmt[51]).

Das Besondere dieser Form der Urheberschaft besteht in der
Eigenthümlichkeit des vom Urheber zur Verbrechensbegehung ge=
wählten Mittels, vermöge dessen der Anstifter auch solcher Ver=
brechen als Urheber schuldig werden, welche er als unmittelbarer
Thäter nicht begehen könnte, und umgekehrt; s. das Nähere in § 9.
Der Begriff der Urheberschaft erleidet durch die Beschaffenheit des
vom Urheber gewählten Mittels keine Modification. Für Begriff
und Strafbarkeit des Urhebers ist es gleichgültig, ob er mit eigener
Hand, oder mit einem todten oder lebenden Instrument, möge
letzteres auch eine eigene Verantwortlichkeit tragen, den Verbrechens=
erfolg herbeiführt. Der Anstifter ist deshalb im Princip ebenso
strafbar wie der Thäter[52]).

---

[50]) Hierdurch unterscheidet sich der Anstifter von Demjenigen, welcher einen Un=
zurechnungsfähigen oder Wahnsinnigen zu einem Verbrechen anstiftet, oder
einem ihm zu unbedingtem Gehorsam Verpflichteten das Verbrechen befiehlt.
In diesen Fällen ist der Urheber juristisch Thäter. Eine derartige unbedingte
Pflicht zur Parition wird übrigens heutzutage noch kaum vorkommen: auch
im militärischen Verhältniß existirt sie nicht mehr unbedingt, s. § 47 Abs. 2
des Mil.=Strafges.=Buchs vom 20. Juni 1872.
   Die Aussonderung dieser Fälle aus der Lehre von der Anstiftung ist das
Verdienst von Luden Abh. II. S. 333.

[51]) Diese Auffassung des Anstifters als Urheber ist die herrschende, s. die Citate
bei Geib, Lehrb. II. §§ 104, 106.
   Abweichend ist Schütze, nothw. Theiln. §§ 41 flde., welcher den An=
stifter nur als Theilnehmer am Verbrechen des Thäters ansieht; s. darüber
Anm. 61 und § 3 Anm. 24.

[52]) St.=G.=B. 48 Abs. 2. Diese Bestimmung des Gesetzbuchs trägt eine alte,
auch durch C. C. C. 107 nicht beseitigte Streitfrage zu Grabe. Während
Einige vom subjectiven Gesichtspunkt den Anstifter als „geistigen Schöpfer
der That" und „Verführer" für strafbarer erklärten, als den Thäter (so
unter dem Einfluß des Kanon. Rechts, cf. c. 5 C. 22 qu. 5 die Mehrzahl
der Italiener s. die Citate bei Köstlin, Syst. S. 313 Note 3 und noch
Carpzov, pract. p. 1 qu. 4), hielten Andere vom objectiven Standpunkt den
Thäter als unmittelbare Verbrechensursache für strafbarer (s. die Citate bei
Köstlin a. a. O. Note 2, Mittermaier N. A. III. S. 143 flde). Feuerbach
gelangt wieder gerade von letzterem Gesichtspunkt zu einem andern Resultat
(Rev. II. S. 254). Für geringere Strafbarkeit des Anstifters bei Fleisches=
verbrechen: Boehmer, medd. in C. C. C. ad art. 177 § 4. Unhaltbar

Die Möglichkeit, den Willen eines Andern zum Verbrechen bestimmen, beruht in der Natur des menschlichen Willens, welcher der Potenz nach frei ist, d. h. welcher frei ist, ohne willführlich zu sein und deshalb, wie durch andere Momente, so auch durch die Handlung des Anstifters sich bestimmen lassen kann[53]). Die Strafbarkeit des Anstifters ist auch nicht etwa deshalb geringer, weil er mit der Wahl eines freien, nicht mit Nothwendigkeit den Verbrechenserfolg herbeiführenden Mittels seinen Willen von der Selbstthätigkeit dieses Instruments abhängig macht. Hierdurch unterscheidet sich der Anstifter in Nichts vom Thäter, da auch dieser von der factisch stets unsicheren Wirksamkeit seiner Mittel und Werkzeuge abhängig ist[54]).

Andrerseits wird die Verantwortlichkeit des Thäters dadurch nicht gemindert, daß er von einem Andern angestiftet ist. Seine Schuld besteht darin, daß er sich anstiften läßt und seine Willens- freiheit dazu mißbraucht, sich dem fremden Dolus unterzuordnen. Er bringt daher im Verbrechen seinen eigenen verbrecherischen Willen zum Ausdruck und ist selbstständig verantwortlich[55]). Durch welche Mittel es dem Anstifter gelingen mag, den fremden Willen zu bestimmen, ist lediglich Thatfrage[56]).

dürfte es sein, wenn Haelschner, Preuß. Strafr. II. S. 373, 374. auch für das Preuß. Recht den Anstifter härter gestraft wissen will.

Natürlich kann im Einzelfalle die Strafbarkeit des Anstifters höher sein, als die des Thäters, s. Geib, Lehrb. II. S. 350.

[53]) Gegen die Möglichkeit einer fremden Willensbestimmung spricht sich aus Luden, Hbbch. § 38, auch Krug, Abhandl. S. 46—72.

[54]) Berner, Theiln. S. 256 unten.

[55]) Quantum in se sponte committit sagt Boehmer mit Recht vom An- gestifteten. Vergl. Berner, Theiln. S. 272 flde.

[56]) Die so oft ventilirte Frage, ob „der Rath" als Mittel der Anstiftung dienen könne, bietet etwa dasselbe juristische Interesse, wie eine Untersuchung dar- über, ob eine Topfscherbe ein Mittel ist, um einen Menschen zu tödten. Freilich finden sich auch Untersuchungen der letzteren Art, z. B. bei Carpzov, p. 1. qu. 3 (dazu Boehmer obs. II.) zu dem Zwecke, um darauf Dolus- präsumtionen zu bauen. —

Eine schöne Erörterung über die psychologische Wirksamkeit der Anstif- tungsmittel bei Berner, Theiln. S. 276—291. —

Der Grund, weshalb die l. 37 pr. D. ad leg. Aq. 9. 2. den Befehl nicht als Mittel der Anstiftung gelten läßt, ist wohl der, daß der Jurist es für unwahrscheinlich hält, Jemand werde sich durch den Befehl eines Andern,

Namentlich kann der Anstifter den Thäter auch durch eine dritte Person zur That bestimmen lassen, in welchem Falle Beide Anstifter sind. Der thatsächliche Hergang bei der Anstiftung ist regelmäßig der, daß der Anstifter der Schöpfer des verbrecherischen Entschlusses ist und durch die zahlreichen Mittel der Verführung den Angestifteten zur Aneignung dieses Entschlusses bestimmt. Aber nothwendig ist dieser Verlauf keinesweges. Auch dann, wenn der Thäter einen selbstständigen Verbrechensdolus gefaßt hat, aber dessen Ausführung von der Einwilligung oder von Handlungen eines Dritten abhängig macht, liegt in dem entsprechenden Ver= halten des Letzteren eine Bestimmung des fremden Willens zum Verbrechen und deshalb eine Anstiftung [57]).

Ebenso, wie Thäter und Gehülfe nicht durch Umfang und Wirkung ihrer Thätigkeit, sondern durch den Dolus sich unter= scheiden, ist dies auch im Verhältniß des Anstifters zum intellec= tuellen Gehülfen der Fall. Denn Beide liefern eine Ursache zu dem im Verbrechen sich verkörpernden Dolus des Thäters, und da alle Ursachen zum Erfolge gleich wesentlich sind, läßt sich nicht auf die Verschiedenheit der Causalität, sondern nur auf die Ver= schiedenheit des Willens ein begrifflicher Unterschied begründen [58]).

welchem kein jus imperandi zusteht, zur Begehung eines Verbrechens be= stimmen lassen: begeht er das Verbrechen dennoch, so ist anzunehmen, daß er es auf eigene Veranlassung gethan hat. So war auch beim mandatum delinquendi die Strafbarkeit des Mandanten nicht immer unbezweifelt, l. 11 § 3 D. de inj. 47. 10, vv.: plerique ajunt.

[57]) Dies ist z. B. der Fall, wenn Jemand das Angebot eines sicarius, eine Person gegen eine Belohnung aus dem Wege räumen zu wollen, annimmt. Ein interessanter hierher gehöriger Rechtsfall im Gerichtssaal XX S. 267 flde. Es ist daher unrichtig, das Moment der Verführung, der sittlichen Schuld in die Definition der Anstiftung aufzunehmen, wie dies Hälschner, Syst. II §§ 78, 80, 86, und Schütze, Nothw. Theiln. S. 251 thun.

[58]) So v. Buri, Abhandl. I. S. 123, Causalität S. 132. Dagegen halten Viele, welche den Unterschied von Thäter und Gehülfe subjectiv bestim= men, inconsequenterweise an einem objectiven Unterschiede zwischen Anstif= tung und intellectueller Beihülfe fest, z. B. Koestlin Syst. S. 287, 288, § 97. — Dieselbe Handlung kann mithin nach den Umständen sowohl Anstiftung als Beihülfe sein. Z. B. würde Beihülfe vorliegen, wenn Jemand einem Andern, den er zur Begehung des Verbrechens schon ent= schlossen glaubt, einen Rath giebt, durch welchen er, ohne es zu wissen,

Der Anstifter will den verbrecherischen Erfolg selbst — wenn auch mittelbar — herbeiführen, der intellectuelle Gehülfe die Herbei=führung unterstützen. Aber auch hier kommen Art und Maaß der vom Handelnden auf den Willen des Thäters geübten Einwirkung als erhebliche Anhaltspuncte für die Ermittelung des Dolus in Betracht, und insoweit ist es richtig, daß Derjenige, welcher den Entschluß im Thäter erweckt und hervorruft, regelmäßig Anstifter, dagegen Derjenige, der dem schon entschlossenen Thäter Anleitung und Rath zur Ausführung ertheilt, Gehülfe ist. —

Es wirft sich nun die Frage auf, ob die Anstiftung als solche, d. h. ohne Rücksicht auf den etwa vom Thäter herbeigeführten Erfolg strafbar ist [59]).

Allein die Anstiftung ist kein delictum sui generis [60]), es giebt kein Verbrechen der Anstiftung, sondern nur eine Anstiftung zum Verbrechen, und die gedachte Frage löst sich daher in die andere auf: in welches Thätigkeitsmoment des Urhebers ist bei der in die Form der Anstiftung gekleideten Urheberschaft der Be=ginn des strafbaren Versuchs zu setzen, und ist etwa die Anstiftung als solche Versuch des Verbrechens? Mit dieser Fragestellung ist die Sache für diejenigen erledigt, welche den Anstifter nicht als Urheber, sondern als Theilnehmer am Verbrechen des Thäters ansehen: nach dieser Auffassung kann die Strafbarkeit des An=stifters erst mit der des Thäters beginnen, d. h. wenn für Letzteren ein strafbarer Versuch vorliegt, und die Anstiftung als solche ist daher straflos [61]).

---

erst den Entschluß in der Seele des Thäters weckt. Umgekehrt wäre es Anstiftung, wenn Jemand in urheberischer Absicht dem schon entschlossenen Thäter einen Rath giebt, welchen dieser benutzt. Vergl. Schütze, Nothw. Theiln. S. 264, auch v. Bar, Versuch u. Theilnahme S. 55, 56.

[59]) Literatur zum Folgenden s. bei Geib II S. 347, 348; außerdem Geyer, (Erörterung. S. 104, 105, v. Bar, Versuch und Theilnahme, Schütze, nothw. Theiln. § 43.

[60]) Dagegen namentl. Hepp, Lehre von der Theiln. im A. M. †. 1848. S. 262—309.

[61]) Dies ist die Ansicht von Schütze (s. § 3 Anm. 24). Die Unrichtigkeit der Auffassung des Anstifters als bloßen Theilnehmers erweist sich u. K. an den Fällen, wo sich der Urheber über die Beschaffenheit seines Mittels geirrt hat, z. B. Jemand stiftet einen Wahnsinnigen an, den er für geistig gesund

Wer indeſſen, wie dies im Einklang mit der herrſchenden Meinung hier geſchieht, die Anſtiftung als Form der Urheberſchaft auffaßt, wird ſich dem nicht entziehen können, die Handlung des Anſtifters ſelbſtſtändig auf ihre Verſuchsqualität zu prüfen. Dieſe Prüfung führt nun dahin, daß die Anſtiftung in der That als Verſuch zu betrachten iſt, und zwar iſt die mißlungene Anſtiftung, d. h. diejenige, bei welcher die Beſtimmung des Thäters dem An= ſtifter nicht gelungen iſt, unbeendeter Verſuch, die gelungene, aber erfolgloſe, d. h. diejenige, bei welcher der Thäter ſich zum Ver= brechen beſtimmen ließ, ohne daß aber das letztere zur Ausführung kam, ſei es wegen Rücktritts des Thäters oder aus anderen Grün= den, beendeter Verſuch des vom Anſtifter gewollten Verbrechens; durch die Herbeiführung des verbrecheriſchen Erfolges Seitens des Thäters wird denn auch der Anſtifter des vollendeten Verbrechens ſchuldig.

Anſtiftung der ſchon zum Verbrechen Entſchloſſenen iſt ein Verbrechensverſuch mit relativ untauglichen Mitteln, da hier der Thäter nur aus dem Grunde, weil er ſchon ſelbſtſtändig das Ver= brechen beabſichtigte, unfähig war, dem Anſtifter als Mittel zu dienen.

Der Grund dieſer Entſcheidung iſt folgender. Das Kriterium

hält, oder einen geiſtig Geſunden, den er irrſinnig glaubt. Hier wird nach der herrſchenden Meinung unbedenklich Urheberſchaft vorliegen (welche hier in ihrer allgemeinen Geſtalt, weder in der Form der Anſtiftung noch in der der Thäterſchaft hervortritt), da es für deren Begriff gleichgültig iſt, ob dem Urheber die Art und Weiſe der Wirkſamkeit ſeines Mittels bekannt iſt. Der Schütze'ſchen Theorie dürfte die Entſcheidung dieſer Fälle ſchwer fallen, wie denn Schütze ſelbſt an einem andern Orte (Studien z. Deutſch. Straf= geſetzb. S. 164 Note) die Entſcheidung über den erſten Fall ablehnt: Theil= nahme am fremden Verbrechen liegt nicht vor, da kein Anderer ein Ver= brechen begangen hat, ebenſowenig Thäterſchaft, da (nach Schütze) der Handelnde ja nur den Dolus der Theilnahme hat. In der Entſcheidung der im Text behandelten Frage ſtimmt in ſeiner Begründung mit Schütze überein Gener Erört. S. 104, 105. Dieſer Schriftſteller faßt zwar die Anſtiftung als Urheberſchaft auf (a. a. O. S. 90, 102), aber er führt bei der vorliegenden Frage dieſe Auffaſſung nicht durch, ſondern ſtellt hier die unrichtige Alternative auf, daß die Anſtiftung nur entweder als crimen sui generis oder als Theilnahme am fremden Verbrechen beſtraft werden könne.

des beendeten Versuchs besteht darin, daß der Thäter seine auf
den Erfolg gerichtete Handlung beendet hat und nunmehr passiv
den Eintritt des Erfolges als Wirkung seiner Handlung und der
mitwirkenden Ursachen abwartet, und die Probe auf diesen Begriff
ist die, daß der Thäter den Nichteintritt des Erfolges nicht mehr
durch bloße Sinnesänderung, sondern nur durch Aufhebung der
von ihm gelieferten Caufalität bewirken kann. So lange der Thä=
ter durch bloßen Rücktritt die Vermeidung des Erfolges bewirken
kann, liegt Vorbereitungshandlung oder unbeendeter Versuch, keines=
falls beendeter Versuch vor.

Auch bei der gelungenen Anstiftung hat nun der Anstifter
seine ganze auf den Erfolg gerichtete Thätigkeit beendet und er=
wartet unthätig den Eintritt des Erfolges als Wirkung der von
ihm gesetzten selbstthätigen Caufalität. Er kann daher, und hier
tritt das charakteristische Merkmal des beendeten Versuchs zu, nicht
durch bloßen Rücktritt, sondern durch Gegenwirkung gegen den ge=
wollten Erfolg den letzteren vermeiden und sich Straflosigkeit
sichern. Der Anstifter muß daher in diesem Falle entweder durch
psychologische Gegenmittel den Thäter zum Aufgeben des Ver=
brechensentschlusses bestimmen, oder auf andere Weise, z. B. War=
nung des Bedrohten, Anzeige an die Obrigkeit, die Begehung des
Verbrechens hindern; gelingt ihm dies nicht, so ist er, ungeachtet
seiner Sinnesänderung, für den verbrecherischen Erfolg verantwort=
lich[62]. Ist hiernach die gelungene Anstiftung als beendeter Ver=
such zu betrachten, so folgt daraus von selbst, daß die dem frühe=
ren Stadium der verbrecherischen Thätigkeit angehörende mißlun=
gene Anstiftung als unbeendeter (entfernter) Versuch gelten muß.
Hier kann sich daher der Anstifter durch bloßen Rücktritt Straf=
losigkeit sichern.

Die herrschende Meinung ist anders; sie läßt die Strafbar=
keit der Anstiftung erst mit dem Versuch des Thäters beginnen.
Aber wenn sie behauptet, daß die Anstiftung an sich „eine bloße
Manifestation des verbrecherischen Willens", „eine Drohung" sei,[63]

---

[62]) Darüber herrscht im Princip kein Streit, wenngleich im Einzelnen viele
Meinungsverschiedenheiten sind, Näheres und Literatur bei Geib. II
S. 352.

[3]) Hepp a. a. O. S. 279, 280.

oder höchstens als „Vorbereitungshandlung"[64]) gelten könne, so er=
klärt sie doch nicht, wie bei einer bloßen Drohung oder Vorbe=
reitungshandlung der Anstifter, dessen Thätigkeit, wie man nicht
bestreiten kann, mit der Anstiftung beendet ist, durch den Hinzu=
tritt fremder Ursachen auf dieselbe Stufe der Strafbarkeit gelan=
gen soll, wie der Thäter. Man darf hier nicht entgegnen, daß
ja auch die Verantwortlichkeit des Thäters beim beendeten Versuch
durch die Mitwirkung fremder Ursachen gesteigert werde, denn dies
gilt eben nur von demjenigen Thäter, dessen Handlung gänzlich
abgeschlossen ist, d. h. der einen beendeten Versuch begangen hat.
Ebenso wenig vermag die herrschende Meinung zu erklären, wie
eine bloße Drohung oder Vorbereitungshandlung plötzlich die Wir=
kung haben kann, daß es für den Anstifter nicht nur einer Sinnes=
änderung, sondern sogar eines thätigen und wirksamen Rücktritts
bedarf, um sich von der Verantwortlichkeit für das vollendete Ver=
brechen zu befreien. Diese gleiche Behandlung des beendeten Ver=
suchs und der beendeten Anstiftung ist eben kein Zufall, sie führt
mit Nothwendigkeit auf Gleichheit des Grundes und beruht auf
der objectiv gleichartigen Beschaffenheit des Versuchs und der an=
stiftenden Handlung.

Man könnte einwenden, daß auch bei der gelungenen Anstiftung
der Eintritt des verbrecherischen Erfolges keineswegs sicher ist,
vielmehr von der Mitwirkung vieler, im Voraus unberechenbarer
Mitursachen abhängt. Aber ganz dasselbe gilt auch vom Thäter
im Fall des beendeten Versuchs; ja die Möglichkeit des letzteren
überhaupt beruht eben auf dem Versagen dieser Mitursachen[65]).

---

[64]) Berner, Theiln. S. 308.

[65]) Ein ähnlicher Einwand, wie der hier zurückgewiesene bei v. Bar, Versuch
und Theilnahme. S. 44. Hier wird aus der Natur des vom Anstifter
benutzten freien Mittels gefolgert, daß in der Anstiftung kein Versuch liege.
Vergl. dagegen Anmerk. 54 und Text dazu. Der Grundgedanke der von
Bar'schen Schrift, „aus der Beschaffenheit des gebrauchten Mittels rück=
wärts auf die Absicht des Handelnden zu schließen", ist ein processualischer;
es führt zu Ungerechtigkeiten und Präsumtionen, wenn derselbe zur Con=
struction strafrechtlicher Begriffe verwerthet wird. Wenn z. B. Jemand, der
nicht reiten kann, sein Rennpferd unter einem Jockey laufen läßt, kann man
dann wohl sagen, daß er, weil er eine „freie" Ursache benutzt, weil der
Jockey sich bestechen lassen kann u. s. w. weniger bestimmt auf einen Sieg

Die hier entwickelte Ansicht, welche übrigens eine seit Beginn der deutschen Rechtsgeschichte constante Rechtsentwickelung für sich hat [66]), ist auch für diejenigen Strafrechtsgebiete festzuhalten, welche, wie dies im deutschen Strafgesetzbuch geschieht, zum Versuche einen „Anfang der Ausführung" erfordern [67]).

Zwar erscheint es auf den ersten Blick schwierig, in der vom Erfolge noch weit abliegenden Handlung des Anstifters einen Anfang der Ausführung des Verbrechens zu finden, aber die Schwierigkeit liegt nur im Sprachgefühl, nicht in den Begriffen, und sie kehrt wieder in gewissen Fällen der physischen Thäterschaft, wo Handlungen, welche unzweifelhaft einen Versuch enthalten, nur

rechnete, als wenn er selbst zu Pferde gestiegen wäre? Aus demselben Grunde ist es sehr häufig bei der Anstiftung der Fall, daß der Anstifter trotz der von ihm benutzten freien Ursache weit sicherer und bestimmter auf die Erreichung des verbrecherischen Erfolges rechnet und rechnen darf, als wenn er sich selbst an die unmittelbare Ausführung gemacht hätte.

[66]) Wie das Kanon. Recht (c. 1 § 2 in VI° de homic. 5. 4) bestrafen auch die Volksrechte die intellectuelle Urheberschaft als solche ohne Rücksicht auf den Erfolg, s. Edict. Rothuris c. 1. 10. 11., lex Visig lib. VI. tit. 5 § 12 i. f.; ferner die Stellen bei Koestlin System S. 324 Note 7, Wilda Strafr. d. Germanen, S. 631. Die Italiener bestrafen bei allen schweren Verbrechen die Anstiftung, auch die mißlungene, entweder mit der ordentlichen Strafe oder doch mit einer außerordentlichen, s. die Citate bei Koestlin a. a. O. Note 9. Ebensowenig war die Doctrin der späteren Zeit bis in dieses Jahrhundert hierüber zweifelhaft: wenngleich nicht in allen hierher gehörigen Fällen, so doch regelmäßig und namentlich für den Fall der Anstiftung des alius facturus wurde an der Strafbarkeit der bloßen Anstiftung festgehalten. Vergl. Clarus, de crim. lib. V. § fi. qu. 88. 89. Matthaeus, de crim. proleg. cap. 1. §§ 8. 9. 10., Carpzov, pract. pars I. qu. 4· nu. 27. 28., Boehmer, medd. in C. C. C. ad art. 177 § 4. Uebereinstimmend sind die meisten deutschen Strafgesetzbücher, s. Koestlin a. a. O. S. 325, 326, und des Sächs. Strafges.-B. v. 11. August 1855 Art. 64. Ebenso ergeben die Motive z. Strafgesetznovelle v. 26. Februar 1876 und die darin mitgetheilten Bestimmungen der deutschen sowie der meisten außerdeutschen Gesetzgebungen ein reichliches historisches Material für die hier vertheidigte Meinung.

[67]) Hier sind auch diejenigen anderer Meinung, welche an sich in der Anstiftung einen Versuch sehen, vergl. Koestlin System S. 322 und S. 326 Note 9, Geib Lehrbuch II. S. 348. Haelschner Syst. II. S. 361, von Buri im Gerichtssaal 1870 S. 96 flgde. Vergl. auch Zachariae Lehre v. d. Theiln. (1850) S. 65 flgde, 283, Roßhirt im A. N. F. 1852, S. 393.

3

ganz gezwungen als „Anfang der Ausführung" bezeichnet werden
können"*).

Die Definition des Vergleichs als Anfang der Ausführung
bezweckt Trennung desselben von den Vorbereitungshandlungen.
Daß aber die Anstiftung in der That ein Versuch ist, zeigt sich
an der objectiven Bedeutung derselben in der Welt der Wirklich=
keit, durch welche sie sich auf das Bestimmteste von bloßen Vor=
bereitungshandlungen unterscheidet[69]).

---

[68]) J. B. wenn Jemand mit dem Dolus der Körperverletzung einen Hund auf
einen Menschen hetzt, ferner in den Num. 50 genannten Fällen der uneigent=
lichen Anstiftung. Hier dürfte es kaum zweifelhaft sein (dafür auch Zacha=
riae im A. N. F. 1850 S. 283), daß, wer z. B. einen Wahnsinnigen an=
stiftet, oder Jemand durch Drohung, Zwang oder Irrthumserregung zu
einem Verbrechen bestimmt, damit eines Versuchs schuldig ist, auch bevor
diese Personen weiter thätig werden. Wie in diesen Fällen der Urheber
sprachwidrig aber ganz juristisch als Thäter bezeichnet wird, so liegt in der
Anstiftung juristisch ein Anfang der Ausführung. Und macht es etwa we=
niger Schwierigkeit, in der Handlung des A, welcher einen Wahnsinnigen
anstiftet, einen Anfang der Ausführung zu sehen, als in der Handlung des B,
welcher einen Gesunden anstiftet?

Wie will aber die herrschende Meinung in den vorgedachten Fällen
entscheiden, wenn der Urheber sich über die Beschaffenheit seines Mittels
irrte, z. B. irrigerweise glaubte, einen Wahnsinnigen vor sich zu haben,
oder umgekehrt? Hier dürfte die Alternative von Versuch und bloßer
„Drohung" doch Schwierigkeiten machen.

[69]) Die Hauptschwierigkeit in dieser Lehre besteht in der scharfen Trennung der
S. 29, 30 aufgestellten Gesichtspunkte, aus denen möglicherweise die An=
stiftung strafbar sein könnte. Die Vermischung dieser Gesichtspunkte hat
bei den Anhängern der Strafbarkeit der Anstiftung oft große Verwirrung
hervorgebracht und nicht am wenigsten zur Befestigung der jetzt herrschen=
den Meinung beigetragen. Zu den Hauptschuldigen gehört hier Köstlin,
S. dessen Neue Rev. § 147, System §§ 98, 100. K. sieht in der miß=
lungenen Anstiftung einen strafbaren Versuch des Verbrechens mittelst intel=
lectueller Thätigkeit, Neue Rev. S. 548. Dagegen kommen durch das Ge=
lingen der Anstiftung der Anstifter in eine ganz neue Lage, seine Thätigkeit
löse sich in den Begriff der Miturheberschaft auf, a. a. O. S. 552 und
deshalb beginne bei der gelungenen Anstiftung die Strafbarkeit des Anstif=
ters erst mit dem Versuche des Thäters. K. prüft also bei mißlungener
Anstiftung die Handlung des Anstifters selbstständig auf ihre Versuchsqua=
lität, während er beim Gelingen der Anstiftung die anstiftende Hand=
lung nicht als eine selbstständige urheberische betrachtet, sondern den An=
stifter als Theilnehmer am fremden Verbrechen mit dem Thäter und dessen

Was das Deutsche Strafgesetzbuch betrifft, so bestraft dasselbe (§ 48) die Anstiftung „einer strafbaren Handlung", und
die Gesetzesmotive erklären ausdrücklich, „daß mit dieser Formulirung der Möglichkeit einer erfolglosen strafbaren Anstiftung entgegen getreten werden solle." Dies ist aber nicht gegen die hier
ausgeführte Meinung entscheidend, da dieselbe die erfolglose Anstiftung nicht aus § 48, sondern aus § 43 bestrafen will. Das
Gesetz bestraft nun in § 43 den Versuch bei allen Verbrechen
und gewissen Vergehen allgemein, ohne Constituirung einer Ausnahme. Wenn also, wie wir annehmen, die Anstiftung und deren
Versuch einen Versuch des Verbrechens enthalten, so sind dieselben
aus § 43 strafbar. Die abweichende Meinung des Gesetzgebers
kann nicht entscheidend sein. Derselbe kann sich nicht stillschweigend
über die Consequenzen seines eigenen in § 43 normirten Be-
griffes hinwegsetzen, sondern hätte, wenn er den in der Anstiftung
liegenden Verbrechensversuch straflos lassen wollte, von dem Grundsatze der allgemeinen Strafbarkeit des Versuchs ausdrücklich in
dieser Richtung eine Ausnahme machen, was nicht geschehen ist [70]).
Inzwischen ist durch die Strafgesetznovelle vom 26. Februar 1876
(§ 49a) eine Aenderung der gesetzlichen Bestimmungen eingetreten. Danach ist als delictum sui generis strafbar, die Aufforderung zur Begehung eines Verbrechens oder zur Theilnahme

fortschreitender Thätigkeit identificirt. Er gelangt so zu dem unhaltbaren
Ergebniß, daß die mißlungene Anstiftung strafbar, dagegen die gelungene
also das Mehr, an sich straflos sein soll.

Schwerverständlich ist es, wenn Geyer in v. Holtzendorff Hdbch. S. 373,
Note, der hier vertretenen Ansicht imputirt, sie müsse, da bei der gänzlich
mißlungenen Anstiftung kein Rücktritt denkbar sei, weil eine Gegenwirkung
nicht möglich sei, die unwirksame Anstiftung ungünstiger behandeln, als die
wirksame. Der Anstifter, dem die Anstiftung mißlingt, tritt in ganz derselben Weise zurück, wie der Thäter bei unbeendetem Versuch, nämlich
durch bloße Sinnesänderung.

Die Polemik von Berner Gutachten f. d. deutschen Juristentag S. 11
flgde. trifft nur Diejenigen, welche in der Anstiftung ein delictum sui generis sehen.

[70]) Damit stimmt im Grundsatze überein das Erk. des O.-T. v. 27. März 1857
(bei Goltd. Arch. V. S. 458), wonach keine Rechtsverletzung vorliegt, wenn
der Richter der Thatfrage in dem Versuch der Anstiftung einen Versuch der
Selbstbegehung des Verbrechens findet.

an einem Verbrechen, wenn die Aufforderung schriftlich oder unter der Gewährung oder dem Versprechen von Vortheilen erfolgt und die Annahme einer solchen Aufforderung, ferner das schriftliche oder unter Ausbedingung von Vortheilen erfolgende Angebot zur Begehung eines Verbrechens und die Annahme eines solchen Angebots. Durch diese casuistischen Bestimmungen werden also gewisse Fälle der Anstiftung selbstständig und ohne Rücksicht auf den Erfolg bestraft. Ein innerer Grund für die Aussonderung dieser Fälle liegt nicht vor; es ist nicht ersichtlich, weshalb die durch Drohung, Zwang, Irrthumserregung erfolgende Anstiftung nicht ebenfalls verpönt ist. Diese in Art. 49a gedachten Fälle sind, da derselbe eine lex specialis ist, nur in Gemäßheit desselben und nicht als Versuch zu strafen. Ob hier der Anstifter durch Rücktritt straffrei werden kann, ist zweifelhaft, aber wohl zu verneinen, da, wie die Gesetzesmotive ergeben, die Anstiftung in diesen Fällen als delictum proprium bestraft wird, und da der Artikel auch Handlungen, welche keine Anstiftung enthalten, bestraft, z. B. die Annahme der Aufforderung des Anstifters, in welchen Fällen für die Anwendbarkeit der Grundsätze vom Rücktritt kein Raum ist.

Die nicht unter § 49a gehörenden Fälle der Anstiftung sind mithin als Versuch zu strafen; dies sind näher:

a. die Anstiftung zu denjenigen Vergehen, deren Versuch strafbar ist,

b. die Anstiftung zu Verbrechen mit Ausnahme der Fälle des § 49a.

§ 7.

Fortsetzung.

Wenn der Angestiftete bei Ausführung der That von dem ihm ertheilten Auftrage abweicht, so bestimmt sich die Verantwortlichkeit des Anstifters nach den allgemeinen Grundsätzen über Zurechnung des Erfolges. Der Anstifter ist für Irrthümer und Ungeschicklichkeiten des Thäters ebenso verantwortlich, wie der physische Urheber für die Wirkungen des von ihm benutzten mechanischen Werkzeugs. Aber die Schuld des Anstifters ist eine bloße culpa, wenn der vom Thäter verursachte Erfolg nicht, auch nicht eventuell

in seinem Willen gelegen hat[71]). Namentlich werden die Exceſſe
des Angeſtifteten dem Dolus des Anſtifters zugerechnet, wenn er
ſie vorausgeſehen und gewollt hat, ſeiner Culpa, wenn er ſie hätte
vorausſehen ſollen[72]).

Eine beſondere Geſtaltung kann die Anſtiftung annehmen,
wenn mehrere Perſonen ſich durch gemeinſchaftliche Verabredung
gegenſeitig zur Begehung eines Verbrechens beſtimmen. Hier fand
der von der Doctrin ausgebildete Complottbegriff ſeine Anwendung,

---

[71]) Dies iſt namentlich der Fall, wenn ſich der Angeſtiftete im Object der That
geirrt hat. Daher erſcheint mir die bekannte Entſcheidung des Ob.-Trib.
in Sachen c/a Roſe und Roſahl nicht unbedenklich. Berner, Grundſätze
§ 33 ſagt bei Beurtheilung dieſes Falles ganz richtig „das Mordgeſchoß
des Anſtifters war der Angeſtiftete." Wenn er aber weiter ſagt, daß dieſer
Fall von der aberratio ictus (A zielt auf B und trifft den C) ſcharf zu
trennen ſei, ſo ſcheinen mir vielmehr beide Fälle ganz identiſch: der Anſtifter hat ebenfalls mittelſt ſeines ſelbſtthätigen Inſtruments auf den A ge-
zielt und den B getroffen. Der doloſen Tödtung des B iſt er nicht ſchuldig,
da er deſſen Tod nicht gewollt hat. Derſelbe haftet für einen doloſen Verſuch, welcher in ſeiner erfolgloſen Anſtiftung liegt, in Concurrenz mit einem
culpoſen Delict. Dafür auch Schütze, Nothw. Theiln. S. 265 flgd., wenngleich derſelbe von ſeiner Theorie aus, welche den Anſtifter als Theilnehmer
am Verbrechen des Thäters anſieht, zum entgegengeſetzten Reſultat kommen
müßte, da das vom Thäter begangene Verbrechen nicht im Willen des Anſtifters gelegen hat. Berner iſt indeſſen darin Recht zu geben, daß man
unter Umſtänden auch zu einem anderen Reſultat kommen kann.

Wer nehmlich auf den A zielt und den B trifft, hat unter Umſtänden
gleichwohl die Tödtung des B als doloſe zu vertreten, wenn nehmlich
die Wahrſcheinlichkeit den A oder den B zu treffen, gleich groß war, und
der Thäter ſich dies ſagen mußte. Er handelte dann in Bezug auf B mit
eventuellem Dolus. So mag man auch unter Umſtänden vom Anſtifter
ſagen: er wußte, daß der Angeſtiftete ein instrumentum cooperationem war
und hat deſſen Handlungen ſeinem Willen accomodirt. Es kommt hier auf
die Umſtände des einzelnen Falles an. Immer iſt feſtzuhalten, daß ein
Dolus des Anſtifters in Beziehung auf den wirklich eingetretenen Erfolg
vorliegen muß. Man könnte ſonſt zu der Conſequenz von Stryk kommen
(de imput. fact. alien. cap. V), welcher dem mandans occidi den Tod des
Angeſtifteten zurechnet, da er den Tod eines Menſchen gewollt habe und
es rechtlich gleichgültig ſei, ob Titius oder Marius ſterbe. Mit demſelben
Recht würde Stryk denjenigen, der bei dem Verſuch, einem Andern eine
Körperverletzung beizubringen, ſelbſt eine Verwundung davon trägt, wegen
dieſer Verwundung beſtrafen.

[72]) Koeſtlin Syſt. S. 327 flde., Berner, Grundſ. § 34.

deſſen Weſen in die gegenſeitige Anſtiftung geſetzt wurde[73]). Indeſſen führt es zu ungerechten Präſumtionen, wenn man einen auf
gegenſeitige Verabredung begründeten Complottbegriff aufſtellt und
dann jeden Complottanten ohne Rückſicht darauf, ob ſeine Thätigkeit in Wahrheit die andern Theilnehmer zum Verbrechen beſtimmt
hat, als Urheber beſtraft. Dies hat die neuere Wiſſenſchaft erkannt, und in Uebereinſtimmung damit haben die neueren Straf-
geſetzbücher, auch das deutſche, den Complottbegriff aufgegeben.
Es iſt jetzt Sache der thatſächlichen Würdigung des Richters, den
Schuldantheil jedes Complottanten feſtzuſtellen.

§ 8.
4. Die Beihülfe.

Beihülfe liegt vor, wenn Jemand mit dem Willen, den Urheber in der Hervorbringung des verbrecheriſchen Erfolges zu
unterſtützen, eine Urſache zu dieſem Erfolge liefert[74]). Der Gehülfe unterſcheidet ſich daher vom Urheber durch die Willensſeite
ſeiner Handlung. Die Beihülfe iſt ein accessorium der Urheberſchaft und begriffsmäßig von letzterer abhängig, ſie tritt erſt dann
in das Stadium der Strafbarkeit, wenn es der Urheber bis zum
Verſuche gebracht hat. Sofern für den Urheber keine ſtrafbare
Handlung vorliegt, iſt auch keine ſtrafbare Beihülfe möglich[75]).
Dagegen iſt eine aus individuellen Gründen eintretende Strafloſigkeit des Urhebers, welche die Strafbarkeit ſeiner Handlung an
ſich beſtehen läßt, für die Stellung des Gehülfen gleichgültig[76]).
Eine ſtrafbare Handlung iſt auf Seiten des Urhebers nicht vorhanden, wenn deſſen That einer Willensſchuld entbehrt, alſo ſo-
wohl dann, wenn der (ſcheinbare) Urheber wegen Wahnſinns oder
Kindheit rechtlich willensunfähig iſt, als auch dann, wenn der
verbrecheriſche Erfolg wegen eines Irrthums des Urhebers auf

[73]) Literatur und Näheres bei Geib, § 108, Schütze, Rothw. Theiln., §§ 36, 37.
[74]) Literatur bei Geib, § 111.
[75]) Berner, Grundſätze, § 57.
[76]) Dies gilt namentlich, wenn der Urheber begnadigt wird oder ſich der Be-
ſtrafung entzieht. Eine ſolche ſpecielle Strafloſigkeit tritt auch ein bei den
von Ehegatten und Aeltern (nach Röm. Recht auch von Kindern und
Sclaven) verübten Entwendungen.

dessen Willen nicht zurückführbar ist, oder endlich, wenn der auf den Erfolg gerichtete Wille rechtmäßig (Nothwehr) oder nicht rechtswidrig ist (Nothstand). In diesen Fällen wird der Gehülfe, sofern er in Kenntniß der für den Urheber die Strafbarkeit ausschließenden Momente handelte, nothwendigerweise selbst Urheber. Denn da er nicht den Willen haben kann, einen Urheber, welcher nicht vorhanden ist, zu unterstützen, muß seine Absicht nothwendig die sein, den Erfolg selbst durch seine Thätigkeit hervorzubringen, also eine urheberische [77]). Hatte dagegen der Gehülfe keine Kenntniß jener Momente, so ist seine Handlung aus dem Gesichtspunkt der Beihülfe nicht strafbar [78]).

Die Frage, ob der Rücktritt des Thäters vom Versuche auch die Straflosigkeit des nicht zurücktretenden Gehülfen bewirkt, entscheidet sich danach, ob man den Rücktritt als bloßen Strafausschließungsgrund ansieht [79]), wo dann nur der Zurücktretende straflos wird, oder als sog. negatives Begriffsmerkmal, so daß der Versuch durch den Rücktritt des Thäters an sich den Charakter der Strafbarkeit verliert. Nach letzterer Auffassung wird auch der Gehülfe straflos.

Ein Versuch der Beihülfe ist juristisch nicht möglich, weil dieselbe keinen bestimmten Thatbestand zu ihrer Vollendung erfordert, und daher kein Unterscheidungsmerkmal für Versuch und Vollendung vorliegt [80]). Der Rücktritt befreit den Gehülfen, wenn derselbe gleichzeitig die dem Thäter etwa schon geleistete Hülfe

[77]) Haelschner, System II S. 334. Abweichend Geyer, Erört. S 157, 158, welcher Beihülfe zur That eines Wahnsinnigen für möglich hält, ferner Krug, Abhandl. S. 212, Schütze in Goltd. Arch. 1873, S. 161--166.

[78]) Das Strafgesetzb. erklärt für nicht strafbar die in §§ 51—54 vorgesehenen Handlungen. Hier ist daher keine Beihülfe möglich, sondern der strafbar Betheiligte ist mit der im Text bez. Maßgabe Urheber. Dagegen verliert die Handlung nicht den Charakter der Strafbarkeit in den Fällen der geminderten Zurechnungsfähigkeit (§§ 56—58). Die Strafunmündigkeit (§ 55) hebt aber ebenfalls die Strafbarkeit der Handlung auf; denn der Grund der Straflosigkeit ist doch nur die kraft Rechtsgesetzes statuirte Willensunfähigkeit der Kinder unter 12 Jahren. Uebereinstimmend hier Geyer in Holtzendorff Hdbch. S. 363 und die bei Oppenhoff, Comm. zu Abschn. IV zu 3 citirte Entscheidung. A. M. ist Oppenhoff selbst a. a. O.

[79]) Dies ist die Auffassung des Deutsch. St.-G.-B., wie die Motive ergeben.

[80]) Zachariae, Versuch I § 39.

zurückzieht und unter der Voraussetzung, daß der Thäter noch nicht bis zum Versuche gekommen ist[81]).

Beihülfe zur Beihülfe ist nicht möglich, doch kann darin eine Beihülfe zur That gefunden werden[82]). Anstiftung zur Beihülfe ist, wenn letztere geleistet worden, als Beihülfe strafbar.

Die Beihülfe ist entweder eine physische, welche unmittelbar die Hervorbringung des verbrecherischen Erfolges unterstützt, oder eine intellectuelle, welche dies mittelbar thut, durch Einwirkung auf den Dolus des Thäters. Diese beiden Arten der Beihülfe corresponbiren den Arten der Urheberschaft, der Thäterschaft und Anstiftung.

III. Besondere Fälle der Theilnahme.

§ 9.

1) Qualificirte Theilnahme.

Qualificirte Theilnahme nennen wir diejenige, bei welcher ge= wisse, die Strafbarkeit einer Handlung bedingende, erhöhende oder vermindernde Momente nur für einen mehrerer Theilnehmer vor= liegen. Sind dergleichen Momente rein persönlicher Natur, z. B. Rückfall, Begnadigung, geminderte Zurechnungsfähigkeit, Eigen= schaft als Volksvertreter, so lassen sie den Charakter der Handlung unberührt und wirken nur für die Person desjenigen, bei welchem sie vorliegen. Schwieriger ist das Verhältniß bei denjenigen Momenten, welche Bestandtheil der verbrecherischen Handlung sind, oder welche, wenn auch an sich rein subjectiv, sich in der Handlung objectiviren. Hier ist zu unterscheiden:

    1) Was den Gehülfen betrifft, so entlehnt dessen Handlung ihren Charakter durchaus der That des Thäters, deren Un= terstützung ihr Wesen bildet. Daher werden alle diejenigen

---

[81]) Weil, bevor auf Seiten des Thäters eine strafbare Handlung vorliegt, auch die schon geleistete Beihülfe straflos ist. Wenn also der Gehülfe zu dieser Zeit die geleistete Hülfe zurückzieht, fehlt es für ihn gänzlich an einer straf= baren Handlung.

[82]) Den Grund, weshalb eine Beihülfe zur Beihülfe juristisch undenkbar ist, s. bei Berner, Theiln., S. 265.

Momente, welche die Handlung des Thäters auszeichnen, auch dem Gehülfen zugerechnet; sofern sie straferhöhend sind jedoch nur dann, wenn der Gehülfe dieselben gekannt hat⁸³). Dagegen sind gleichgültig (für die Art des begangenen Delicts) die in der Person des Gehülfen vorliegenden Qua= lificationsgründe. Dagegen muß der Thäter die Handlung des Gehülfen, wenn er sie gekannt hat, in ihrem ganzen Umfange gegen sich gelten lassen, und sofern in dieser Hand= lung ein qualificirendes Moment liegt (Gewalt gegen eine Person, Einbruch ꝛc.), bestimmt sich danach auch die Art des begangenen Delicts⁸⁴).

2) Im Verhältniß der Miturheber ist ebenfalls zu unter= scheiden⁸⁵).

a. Hinsichtlich der allgemeinen Bedingungen der Strafbarkeit werden Mitthäter, Anstifter und Thäter nach eigener Person beurtheilt, ohne daß die etwaige Straflosigkeit eines Miturhebers sie berührte. Denn für jeden Mit= urheber hat die Thätigkeit des andern nicht als Ver= brechen, sondern nur als äußere Causalität Bedeutung⁸⁶), sofern er diese Causalität als sein Mittel benutzt und deßhalb ihre Wirkungen vertreten muß⁸⁷).

---

⁸³) Wenn A dem B, welcher seinen Vater ermordet, Hülfe leistet, liegt für A Beihülfe zum parricidium vor. Vergl. St.=G.=B. 50, 59. Das Gesetz weicht insofern von dem hier Gesagten ab, als diejenigen Qualificatione= gründe, welche die Strafbarkeit erhöhen und vermindern (nicht diejen., welche sie bedingen) dem Gehülfen (nur, aber auch immer) dann zugerechnet werden, wenn sie bei ihm vorliegen.

⁸⁴) Geib, Lehrb. II., S. 379—381, Schütze, Nothw. Theiln., § 49.

⁸⁵) Vergl. zum Folgenden Berner Lehrb. S. 192, welcher mit Recht bemerkt, daß nach § 47 St.=G.=B. jeder Mitthäter „als Thäter" i. e. ex sua per- sona bestraft werde.

⁸⁶) Anders bei der Beihülfe.

⁸⁷) Ein hierher gehöriges, oft benutztes Beispiel ist folgendes. A, der schon lange die Absicht hat, den B zu tödten, veranlaßt auf einer Jagd den kurz= sichtigen C auf B zu schießen, indem er ihm vorredet, es wäre ein Stück Wild. Er führt dadurch den Tod des B herbei. Hier ist A Urheber eines Mordes, mag nun
a) der C den Schuß gethan haben, ohne den B zu erkennen und unter Umständen, daß eine Fahrlässigkeit seinerseits nicht vorlag, oder

b. Besondere Bedingungen, auf welchen der Begriff eines bestimmten Verbrechens oder einer bestimmten Verbrechens= unterart beruht. Soweit diese Bedingungen in der Hand= lung eines Miturhebers vorliegen (Gewalt gegen eine Person u. s. w.), objectiviren sie sich in dem verbrecherischen Erfolge und werden zu einem Bestandtheile desselben. Sie fallen deshalb, wie schon bemerkt, allen Miturhebern zur Last, die davon Kenntniß hatten. Dagegen fallen die in der Person eines Miturhebers vorliegenden Quali= ficationsgründe auf die übrigen Urheber nicht zurück (mit Ausnahme jedoch des Anstifters, s. das Folgende). Jeder kann nur dasjenige Verbrechen als Thäter begehen, dessen Voraussetzungen in seiner Person gegeben sind; Niemand kann also ein parricidium oder einen Incest an einem extraneus, kein Nichtbeamter ein Amtsvergehen, kein Nichtkaufmann ein Banquerutt als Thäter oder Mitthäter begehen. Der Grund hierfür ist nicht der objective, daß den Handlungen dieser Personen ein gesetzliches Verbrechens= merkmal fehlte; denn warum sollten ihnen nicht die in der Person der Mitthäter vorliegenden Momente des That= bestands ebenso gut zugerechnet werden können, wie die in der Handlung des Miturhebers liegenden? Vielmehr ist der Grund ein subjectiver: diejenigen Verbrechen, welche

b) mag C einer fahrlässigen Tödtung schuldig sein, oder

c) mag C, der dem Getödteten ebenfalls verfeindet war, denselben erkannt und im impetus getödtet haben, oder

d) mag C, dem die Aufforderung des A nur die gute Gelegenheit bot, seinen schon lange auf Tödtung des B gerichteten Vorsatz in Ausfüh= rung zu bringen, des Mordes schuldig sein.

In allen diesen Fällen hat A seinen Morddolus durch die That ver= wirklicht, und die Entscheidung ist auch davon unabhängig, ob er sich etwa über die Willensrichtung des Thäters im Irrthum befunden hat. Für be= sondere Beurtheilung des Thäters und Anstifters hinsichtlich des Dolus auch Geyer in v. Holtzendorff, Handb., S. 364. A. M. Oppenhoff, Com= mentar zum St.=G.=B. S. 50 ad 2, welcher die Willensstimmung des Thäters für entscheidend hält. Für die hier verfolgte Meinung spricht nicht § 50 St.=G.=B., da dieser § sich auf den Dolus nicht bezieht, gegen die= selbe aber auch nicht § 48, da dieser § sonst auch bei einer auf Seiten des Thäters vorliegenden Fahrlässigkeit zur Anwendung zu bringen wäre.

bestimmte Eigenschaften oder Verhältnisse des Thäters
erfordern, kann Niemand, bei welchem diese Eigenschaften
nicht vorliegen, mit dem Dolus der Thäterschaft, der
unmittelbaren Selbstbegehung vollbringen. Es ist unmög=
lich, daß Jemand, welcher weiß, daß er mit einer Person
nicht verwandt ist, diese mit dem Dolus des parricida
tödte. Die Handlungen dritter Theilnehmer sind daher,
wenn sie kein besonderes Delict darstellen, nur als Bei=
hülfe strafbar⁸⁸). Dies gilt aber nur von denjenigen
Verbrechen, welche begriffsmäßig, nicht von denjenigen,
welche bloß factisch gewisse Eigenschaften des Thäters
voraussetzen⁸⁹).

c. Anders verhält es sich aber mit dem Anstifter und Thäter.
Auch hier wird zwar, wenn der verbrecherische Erfolg sich
für Anstifter und Thäter als ein verschiedenes Verbrechen
darstellt, Jeder als Urheber aus seinem Verhältnisse be=
urtheilt⁹⁰). Dagegen bietet die Anstiftung das Mittel,
durch welches ein begriffsmäßig gewisse Eigenschaften oder
Verhältnisse des Thäters voraussetzendes Verbrechen auch
von einem Dritten, welchem diese Eigenschaften fehlen,
als Urheber begangen werden kann⁹¹). In diesen Fällen

⁸⁸) Daher ist z. B., wer im Interesse eines seine Zahlungen einstellenden Kauf=
manns dessen Handlungsbücher vernichtet, nur wegen Beihülfe zum Bankerutt
strafbar (§§ 282, 282 St.=G.=B.), trotzdem er die Haupthandlung
begangen hat.

⁸⁹) Die Probe auf diesen Unterschied macht sich leicht: wenn das Verbrechen
nur factisch gewisse Eigenschaften des Thäters erfordert, kann es von einem
Dritten, welchem diese Eigenschaften fehlen, durch Benutzung einer unfreien
Person begangen werden, andernfalls aber nicht. Z. B. ist ein Frauen=
zimmer nur factisch unfähig, eine Nothzucht zu begehen, da sie das Ver=
brechen durch Anstiftung eines Wahnsinnigen oder Willensunfähigen begehen
kann. Dies übersieht Hälschner, Preuß. Strafr. II. S. 367 unten. Eine
Frau kann daher auch Mitthäterin einer Nothzucht werden, trotzdem sie
die „Haupthandlung" zu vollbringen unfähig ist.

⁹⁰) Dies tritt z. B. ein bei der Anstiftung des extraneus zum Kindesmord,
zum parricidium.

⁹¹) Uebereinstimmend mit dem zu c. Gesagten ist das St.=G.=B. §§ 48, 50.
Vergl. Oppenhoff, Comm. zu § 48 ad 4 und die all. Erkenntnisse. Haelschner
a. a. O. S. 362, Geyer, Erört. S. 126 flde. Der extraneus kann daher

bedarf es aber einer wirklichen Anstiftung, d. h. eines
dolosen Delicts Seitens des Thäters; die uneigentliche
Anstiftung (§ 6 Anm. 50) ist hier keine mögliche Be=
gehungsform[92]).

2. Die negative Theilnahme.

§ 10.

a. Ueber Unterlassungsverbrechen im Allgemeinen.

Eine Unterlassung kann aus doppeltem Grunde strafbar sein,
entweder, weil das Gesetz eine Unterlassung als solche mit Strafe be=
droht (Omissivdelict), oder weil durch die Unterlassung ein positiver
rechtswidriger Erfolg herbeigeführt wird (Unterlassung als Be=
gehungsform eines Commissivdelicts)[93]). Der Unterschied zwischen
Commissiv= und Omissivverbrechen ist keineswegs bloß formell,
sondern correspondirt dem Unterschiede von Verbot und Gebot.
Da nun das Recht nicht, wie die Moral, die Gestaltung der po=
sitiven Thätigkeit des Menschen regeln und beherrschen soll, son=
dern nur die allgemeinen Bedingungen eines gesitteten menschlichen
Zusammenlebens herstellen und dessen Störungen verhindern soll,
so ergiebt sich daraus, daß die Vorschriften des Criminalrechts

zum Amtsvergehen, zum Banquerutt, der Eidesunfähige zum Meineid, der
Nichtverwandte zum Incest, der caelebs zur Bigamie anstiften.

[92]) Straflos ist also, wer doloserweise zwei nahe Verwandte, die sich als solche
nicht kennen, zum Beischlaf verleitet, wer einen sinnlos trunkenen Beamten
zur Annahme eines Geschenks für eine Amtshandlung verleitet (§ 331 St.=
G.=B.), wer einen Ehegatten, der bona fide den andern Ehegatten für todt
hält, zur Eingehung einer zweiten Ehe veranlaßt; straflos würde auch sein, —
wenn das Gesetz hier nicht in § 160 eine specielle Strafbestimmung hätte —
wer doloser Weise einen Andern verleitet, einen falschen Eid bona fide zu
schwören. — Es fehlt in diesen Fällen auf Seiten des Thäters an einem
strafrechtswidrigen Erfolge, und da dieser Erfolg in casu nur von dem
Thäter herbeigeführt werden konnte, fehlt es überhaupt an einem solchen.

[93]) Es ist das Verdienst von Luden, Abhandl. I. S. 219 flde., diese doppelte
Richtung der Unterlassung scharf hervorgehoben zu haben. — Unterlassungs=
verbrechen sind z. B. die im Str.=G.=B. §§ 139; 281 zu 3, 329; 346;
340, 341, 357, vo. „begehen läßt" verpönten strafbaren Handlungen.

im Allgemeinen mehr negativ als positiv, mehr verbietend als ge-
bietend sein müssen⁹⁴).

Der eigenthümliche Thatbestand der Omissivdelicte bringt es
mit sich, daß die Theilnahme sich hier gewöhnlich zur Miturheberschaft gestalten wird, doch ist eine Beihülfe begriffsmäßig nicht
ausgeschlossen. Dagegen kann ein Versuch bei diesen Delicten
nicht vorkommen⁹⁵). Abgesehen von diesen Omissivdelicten umfaßt
die sogenannte negative Theilnahme die Fälle, wo ein positiver
strafrechtswidriger Erfolg in dem Nichtthun einer Person seine
(wirkliche oder scheinbare) Ursache findet. Dabei ist die durch
Unterlassung begangene Thäterschaft vorweg zu behandeln, da auch
hier das Verhältniß des Einzelthäters den Ausgangspunkt für die
Lehre von der Theilnahme bildet.

§ 11.
b. Die negative Thäterschaft⁹⁶).

Schon früher wurde ausgeführt, daß ein bloßes Nichtthun
keine Wirkungen habe, daß man daher auch nicht durch ein solches
Urheber eines strafrechtswidrigen Erfolges werden könne⁹⁷). Dieser
Satz erleidet keine Ausnahmen.

Wenn also ein durch Nichtthun begangenes Verbrechen vor-

⁹⁴) Glaser Abhandl. S. 289, 384, 387. Eine eigenthümliche Auffassung der
Omissivdelicte bei Merkel, Crim. Abhand. I. S. 113. Danach besteht das
Wesen des Omissivdelicts darin, daß der Berechtigte nicht erlangt, was ihm
durch einen Andern werden soll (S. 79 a. a. O.). Die Omissivdelicte können daher auch die Form eines positiven Verbrechens annehmen. Sie enthalten aber nicht, wie die Commissivdelicte, einen positiven Eingriff in eine
fremde Rechtssphäre und sind daher nur aus dem formellen Grunde der
Poenalsanction strafbar. — Ein näheres Eingehen auf diese Theorie würde
über den Zweck dieser Arbeit hinausgehen.
⁹⁵) Vergl. Zachariae, Versuch I. § 42, Glaser, Abhandl. S. 292, Bauer, Abhandl. I. S. 338.
⁹⁶) Das maßgebende Werk über diese Lehre ist: Glaser, Abhandl. a. d. Oesterr.
Strafr. S. 289—503; daselbst S. 325—402 vollständige Literatur und
Dogmengeschichte.
Literatur seit Glaser: Geyer, Erörter. S. 16—21, Merkel, Crim. Abhandl. 76—103, v. Bar, Causalzus. S. 90—119, v. Buri, im Gerichtssaal
1869 S. 189—218, derselbe, Causalität ꝛc. S. 96—101.
⁹⁷) Krug (Abhandl. S. 21, 45) hat dies zuerst entschieden betont.

zuliegen scheint, so muß, sofern überhaupt eine strafbare Handlung
vorliegt, die zum Begriff des Verbrechens nothwendige Causalität
durch irgend eine positive Handlung des Thäters geliefert sein.
Ein derartiges Verhältniß tritt aber auch sehr oft bei der positiven Begehung eines Verbrechens ein. Denn wenn Jemand positiv für einen Erfolg thätig wird, so tritt, wenn der Erfolg nicht
unmittelbar mit der Handlung gegeben ist, nach Beendigung der
Thätigkeit des Handelnden (also mit dem beendeten Versuch), regelmäßig ein Stadium ein, in welchem die zum Erfolge mitwirkenden
Ursachen ihre Wirksamkeit ansüben, ohne daß der Thäter positiv
eingreift. In diesem Stadium erscheint nun, wenn es in der
Hand des Thäters lag, durch Gegenmaßregeln den Erfolg noch
abzuwenden, seine Unthätigkeit als Ursache des Verbrechenserfolges,
während es in Wirklichkeit die vorangegangene Thätigkeit des Handelnden war, welche den Erfolg bewirkt hat[*]). Wenn z. B. A
den B einsperrt, um ihn durch Hunger zu tödten, so tritt der Tod
des B erst längere Zeit nach Begehung der tödtenden Handlung
ein. Gleichwohl ist nur die positive Handlung des A und nicht
seine darauf folgende Unthätigkeit die Todesursache. Die vor-
liegende Unterlassung ist vielmehr juristisch gleichgültig, da, selbst
wenn der Handelnde sich um Vermeidung des Erfolges bemüht
hätte, aber fruchtlos, dies seine Verantwortlichkeit nicht aufheben
könnte.

Das Verhältniß bleibt nun aber vom Gesichtspunkt der Causalität ganz dasselbe, wenn Jemand, der unabsichtlich eine Ursache
zu einem Erfolge geliefert hat, es dann absichtlich unterläßt, die
von ihm gesetzte Causalität rückgängig zu machen, z. B. um bei
dem angeführten Beispiele zu bleiben, wenn A den B unabsichtlich
oder aus Scherz eingesperrt und dann, den Tödtungsdolus fassend,
den B absichtlich hätte verhungern lassen. Auch hier ist der
Unterlassende zwar Urheber des eintretenden Erfolges, aber kraft
seiner vorangegangenen positiven Thätigkeit. Die Schwierigkeiten,
welche der Begriff der negativen Thäterschaft bietet, liegen aber
nicht auf der That-, sondern auf der Willensseite der verbrecherischen Handlung. Wenn Jemand, ohne seinen Willen Ursache

---

[*]) Vergl. namentlich Glaser a. a. O. S. 299.

eines Erfolges geworden, es absichtlich unterläßt, diesem Erfolge entgegenzutreten, vielmehr dessen Eintritt wünscht, wie kann bei dieser Unterlassung für einen wirklichen Dolus des Unterlassenden Raum sein, da derselbe doch wissen muß, daß sein Nichtthun keine Kraft hat, Etwas zu dem Erfolge zu thun, und da sein später gefaßter Dolus doch nicht die frühere unabsichtliche Thätigkeit rückwärts zu einer dolosen umstempeln kann? Gleichwohl können diese Be= denken nicht gegen die Annahme eines Dolus subsequens entscheidend sein. Denn der Wille des Handelnden ist frei und wird nicht nothwendig durch den Reflex der Außenvorgänge bestimmt, auch ist der Unterschied von Handlung und Unterlassung regel= mäßig im Bewußtsein des Handelnden nicht lebendig. Deßhalb kann derselbe auch bei der Unterlassung einen wahren ver= brecherischen Dolus haben, namentlich wenn er sich sagt, daß der bevorstehende von ihm ohne Schwierigkeit abzuwen= dende Erfolg in seiner vorangegangenen Thätigkeit die Ursache findet und wenn er sich aus diesem Grunde zur Abwendung des Erfolges verpflichtet fühlt. Wer die Möglichkeit eines solchen Dolus bestreitet, der muß aus demselben Grunde annehmen, daß beim beendeten Versuch dem Thäter, dessen Wirksamkeit abge= schlossen ist, der z. B. die brennende Lunte an das Pulverfaß gelegt hat, in demselben Augenblicke der verbrecherische Dolus abhanden kommt, während doch in Wahrheit die dolose Willens= richtung des Thäters bis zum Eintritt des Erfolges regelmäßig ganz dieselbe bleibt. Bei einer derartigen dolosen Unterlassung verleiht nun der Dolus des Unterlassenden der vorangegangenen nicht dolosen Thätigkeit rückwärts einen verbrecherischen Charakter[99]).

---

[99]) Uebereinstimmend Glaser a. a. O., welcher ausführt (S. 301 flb.), daß die Handlung mit Einschluß der Unterlassungen als ein Ganzes aufzufassen ist und daß es genügt, wenn der Delus eintritt, „von dem Momente an, wo der Mensch zum Objecte der Verletzung in thatsächliche Beziehung tritt," bis dahin, wo der Eintritt des Erfolges von seinem Willen unabhängig geworden ist. — Krug a. a. O. S. 38 gründet die Imputation der Unter= lassungsverbrechen (in dem hier gemeinten Sinne) auf das Vorhandensein einer positiven Pflicht zum Handeln, welche auf einer vorausgegangenen Handlung des Individuums beruhe. S. darüber Glaser a. a. O., v. Bar a. a. O. S. 93. — Merkel a. a. O. S. 82 ist der Ansicht, daß Commissiv= delicte dann durch Unterlassungen begangen werden können, „wenn die In=

Dies vorausgeschickt, ist der Begriff der negativen Thäter=
schaft dahin zu bestimmen, daß Jemand durch eine dolose Unter=
lassung dann Urheber eines verbrecherischen Erfolges wird, wenn
dieser Erfolg durch eine vorangegangene positive Thätigkeit des=
selben bewirkt wird.

1. Das **Willensmoment** der negativen Thäterschaft kann
nur Dolus sein. Eine culpa subsequens ist nicht möglich, da
die culpa nur in und mit der zum Verbrechenserfolg hinführenden
Thätigkeit existirt und von derselben nicht getrennt, also auch nicht
rückwärts auf dieselbe bezogen werden kann (vergl. § 2)[100]).
Die Möglichkeit des Dolus ist aber ausgeschlossen mit dem
Eintritt des verbrecherischen Erfolges, d. h. mit dem Zeitpunkt
der formellen Vollendung des Delicts[101]). Daher kann ein dolus
subsequens nur vorkommen bei denjenigen Verbrechen, wo Hand=
lung und Erfolg äußerlich auseinander fallen, namentlich also bei
den Verbrechen gegen Leib und Leben, der Sachbeschädigung,
Brandstiftung und ähnlichen[102]).

tegrität eines Andern in zurechenbarer Weise auf die Vornahme einer be=
stimmten Handlung gestellt sei, welche nun unterlassen werde — wenn die
Handlung nur aus dem Gesichtspunkt einer nachfolgenden Thätigkeit nicht
doles oder culpos war." Vergl. darüber Anm. 105.

v. Bar a. a. O. S. 97 flde. stellt Alles auf die Regel des Lebens.
Wenn der Unterlassung eine positive Thätigkeit vorausgehe, welche als eine
der Regel des Lebens entsprechende nur angesehen werden kann, wenn der
Handelnde eine andere positive Thätigkeit darauf folgen läßt, so seien die
regelmäßigen Folgen der Unterlassung zu vertreten (S. 99 flde. a. a. O.)
v. Bar führt demnach die Zurechnung des Erfolges auf die Unterlassung
zurück und verkennt, daß letztere als solche gar keine Wirkungen hat.

[100]) Gegen die Annahme einer culpa subsequens auch v. Bar a. a. O.
S. 110. 111.

[101]) v. Bar a. a. O. S. 110. 114 gegen Glaser.

[102]) Auch der Betrug gehört hierher, da derselbe erst mit Eintritt der Ver=
mögensbeschädigung vollendet ist. Wer in gutem Glauben einem Andern
eine falsche Thatsache mittheilt und dann betrügerisch es unterläßt, den
Irrthum aufzuklären, welcher für den Andern Bestimmungsgrund zu einem
ihm nachtheiligen Rechtsgeschäft wird, begeht einen Betrug. Vergl. Merkel
Abhandl. II. S. 137 flde., v. Bar a. a. O. S. 106 flde.

Mit Unrecht zieht Glaser auch die Urkundenfälschung und Unterschlagung
hierher, dagegen v. Bar a. a. O. S. 111 flde.

Wer, bona fide in den Besitz einer fremden Sache gelangt, dieselbe bös=

Nur bei denjenigen Verbrechen, deren Wesen in der Aufrecht=
erhaltung eines rechtswidrigen Zustandes besteht, z. B. der Frei=
heitsberaubung, ist auch nach Eintritt dieses Zustandes ein dolus
subsequens möglich [103]).

2. Das Thatmoment bei der negativen Thäterschaft ist ein
doppeltes; eine dolose Unterlassung, welche nicht in Causalzusam=
menhang mit dem Erfolge steht, eine nicht dolose positive Hand=
lung, welche den Erfolg herbeiführt. Der Causalzusammenhang
zwischen dieser Handlung und dem Erfolge ist ebenso zu bestim=
men, wie dies oben bei der Thäterschaft überhaupt geschehen ist
(§ 3); es genügt daher auch ein entfernter Causalzusammenhang,
aber der Thäter ist nicht verantwortlich, wenn im concreten Fall
das ursächliche Verhältniß zwischen Handlung und Erfolg so ent=
fernt und weitläuftig war, daß dasselbe nach dem regelmäßigen
Verlauf der Dinge nicht zu übersehen war. Die hier auftretenden
Schwierigkeiten sind nur factischer Art, sie lösen sich, wenn man
annimmt, der Unterlassende habe sich bereits bei seiner ersten
positiven Thätigkeit in Dolus befunden und dann die Zurechen=
barkeit des Causalzusammenhangs prüft [104]). Daß die vorange=

---

gläubig behält, ist allerdings der Unterschlagung schuldig, aber nicht, weil
sein Dolus die frühere Besitzergreifung zur dolosen umstempelt, sondern
wegen des im bösgläubigen Behalten liegenden Aneignungsactes. So auch
l. 2 § 1, l. 67 pr. D. de furt. 47. 2.

[103]) v. Bar a. a. O. S. 114.

[104]) So entscheidet sich z. B. ein von Merkel aufgestelltes Beispiel: ein Büchsen=
schmied verkauft eine Waffe und erfährt nach längerer Zeit, daß dieselbe
zur Begehung eines Verbrechens gebraucht werden soll. Derselbe ist hier
nicht verpflichtet, dem Verbrechen entgegen zu wirken, ebensowenig wie er
der Theilnahme schuldig wäre, wenn er gleich beim Verkauf der Waffe an
die Möglichkeit gedacht hätte, daß damit einmal ein Verbrechen begangen
werden könnte. Anders wäre zu entscheiden, wenn der Verkäufer gleich
nach Uebergabe der Sache erfährt, daß die Waffe zur Verübung eines Ver=
brechens gegen das Leben des C. dienen soll und es nun, aus Haß gegen
diesen, oder indem er sich sein Schweigen ablaufen läßt, das Verbrechen
geschehen läßt. Denn hier ist der Causalzusammenhang nahe und übersicht=
lich: die Handlung des Unterlassenden ist Ursache eines bestimmten Ver=
brechenserfolgs, nicht, wie im ersten Falle, eines noch unsicheren und im
Gebiete der Möglichkeit liegenden.

4

gangene Thätigkeit eine strafbare oder unerlaubte gewesen sei, ist nicht erforderlich [105].

An sich ist es nun gleichgültig, ob eine Unterlassung gegen eine vertragsmäßig oder gesetzlich obliegende Pflicht zum Handeln verstößt. Dieser Umstand vermag nicht die Unterlassung zur Ursache irgend eines Erfolges zu machen [106]. Gleichwohl ist eine solche Verpflichtung keineswegs unerheblich. Denn die Uebernahme desselben erzeugt in Anderen das berechtigte Vertrauen, daß man der Verpflichtung nachkommen werde. Wenn der Andere nun in diesem Vertrauen einen Zustand herbeiführt, bei welchem auf die Thätigkeit des Verpflichteten gerechnet ist, um einen rechtswidrigen Erfolg zu vermeiden, so bewirkt das dolose Nichtthun des zum Handeln Verpflichteten, daß derselbe für den eintretenden Erfolg verantwortlich wird; die Ur-

---

[105]) Dies ist die Ansicht von Merkel Abhandl. I. S. 83 flde. Sie folgt aus seinem Begriff des Unterl.-Verbrechens f. Anm. 99. Man sieht aber nicht, weshalb es für die Zurechnung des Erfolges zum Dolus darauf ankommen soll, daß derselbe einer culposen Handlung entsprungen ist. Gegen Merkel auch v. Bar a. a. O. S. 95, 110. Hierher gehört folgender Fall. Eine Mutter, welche auf freiem Felde gebiert und dann, um den Tod des Kindes herbeizuführen, dasselbe auf der Erde liegen läßt und sich entfernt, ist für den eintretenden Tod des Kindes verantwortlich. Die Handlung, welche ihre Verantwortlichkeit begründet ist der Geburtsact. Der Causalzusammenhang zwischen der Geburt und dem Tode des Menschen, welcher gewöhnlich sehr entfernt ist, da seine Entwickelung die ganze Lebenszeit in Anspruch nimmt, ist im vorliegenden Falle nahe und übersichtlich, da Jedermann weiß, daß zur Erhaltung des Lebens des Neugeborenen ein gewisser Grad von Pflege absolut erforderlich ist. Gegen die Möglichkeit einer Zurechnung in diesem Falle spricht sich aus Glaser a. a. O. S. 320—323, aber ich glaube nicht im Einklange mit seiner eigenen Theorie. Man könnte einwenden: der Geburtsact kann eine Zurechnung deshalb nicht begründen, weil er ein vom Willen der Mutter unabhängiges Naturereigniß ist. Aber die Art und Weise, wie dies Naturereigniß sich vollzieht, ist allerdings von ihrem Willen abhängig und deshalb ihr zurechenbar. Wie ist es, wenn die Mutter den Geburtsact so einrichtet, daß das herausschießende Kind ins Wasser fällt und ertrinkt, oder sich auf dem harten Fußboden den Kopf zerschmettert. Auch hier giebt es keine andere positive Handlung, welche als Todesursache gelten könnte, als den Geburtsact selbst.

[106]) Glaser a. a. O. S. 308. Die ältere Theorie legte auf die Pflichtwidrigkeit der Unterlassung das entscheidende Gewicht.

sache, welche er zu demselben liefert, ist nicht sein Nichtthun, son=
dern die Uebernahme der Verpflichtung. Daraus folgt, daß keines=
wegs eine civilrechtlich gültige Verpflichtung erforderlich ist, wie
andererseits eine solche nicht immer genügt, sondern es kommt
darauf an, daß der Thäter in einem Andern das nach Lage der
Sache berechtigte Vertrauen erweckt hat, er werde in einer be=
stimmten Richtung thätig werden, und daß dies Vertrauen für
das mit dem Verbrechenserfolg in ursächlicher Beziehung stehende
Verhalten des Andern zum Bestimmungsgrunde geworden ist.
Dasselbe gilt, wenn Jemand im berechtigten Vertrauen auf die
Thätigkeit eines Andern es unterlassen hat, Vorsichts= oder Gegen=
maßregeln gegen einen schädlichen Erfolg zu treffen[107]).

Ohne eine solche mit dem Verbrechenserfolg in Causalzusam=
menhang stehende Handlung vermag eine Unterlassung niemals
Ursache eines Erfolges zu werden. Namentlich gilt dies von dem
Nichthindern und der Nichtanzeige eines bevorstehenden Ver=
brechens. Es ist aber daran zu erinnern, daß die Beseitigung
eines dem Erfolge entgegenwirkenden Hindernisses nicht unter den
Begriff der negativen Ursache fällt, sondern vielmehr mit der po=
sitiven Förderung des Erfolges auf einer Linie steht[108]).

Die einem Erfolge entgegenstehenden Hindernisse können so=
wohl in Sachen, als in Personen und deren Thätigkeit liegen.
Ein Mensch ist aber nicht bloß dann Hinderniß eines Erfolges,

---

[107]) Glaser a. a. O. S. 311, 317, 394. In dieser Weise entscheiden sich
die von Glaser und v. Bar gebrachten Beispiele: eine Wärterin unterläßt
es, die nöthige Obacht auf ihren Pflegebefohlenen zu geben, welcher in
Folge dessen verunglückt; ein Bahnwächter versäumt es, die Barrière beim
Nahen des Zuges zu schließen, wodurch ein das Geleise passirendes Gefährt
zertrümmert wird; ein schlechter Schwimmer begiebt sich im Vertrauen auf
einen Andern, der gut schwimmt und ihm Beistand versprochen hat, in tiefes
Wasser und ertrinkt, da ihn der Andere absichtlich im Stiche läßt.

[108]) Wer also dieser Weise das Geländer einer Treppe wegnimmt, eine Fall=
thür aushebt, ein Warnungszeichen fortnimmt, einen Andern gewaltsam an
der Rettung eines Verunglückten hindert, wird damit Urheber des Ver=
brechenserfolges. So auch Glaser a. a. O. S. 314, welcher aber den Unter=
schied von negativer Ursache und Betheiligung eines Hindernisses nicht ge=
hörig berücksichtigt.

4*

wenn er positiv gegen dessen Eintritt thätig geworden war, sondern auch dann, wenn er seinen Willen fest dazu bestimmt hatte,
dem Erfolge entgegenzuwirken. Denn aus diesem Entschlusse resul-
tirt in continenti die ihm entsprechende That. Demgemäß ist auch
derjenige Urheber eines Erfolges, der einen Andern von seinem
Entschlusse, den Erfolg zu hindern, durch Gewalt, Ueberredung,
Irrthumserregung oder auf andere Art abgebracht hat[109]. Allerdings liegt nun auch in Demjenigen, dessen auf Verhinderung des
Erfolges gerichtete Absicht wieder aufgehoben ist, eine Ursache des
Erfolges; während, wenn er gar nicht den Entschluß gefaßt hätte,
sein bloßes Nichtthun keine Causalität begründen würde, liegt eine
solche allerdings in der Aenderung des einmal gefaßten Entschlusses.
Gleichwohl ist derselbe niemals für den nicht von ihm gehinderten
Erfolg verantwortlich. Es fehlt für ihn, da die von ihm für den
Erfolg gelieferte Ursache lediglich in der Aenderung seines Ent-
schlusses besteht, welche Aenderung mit der Entstehung einer dolosen
Absicht nothwendigerweise von selbst gegeben ist, an einer selbstständigen Thatseite des Verbrechens; seine That besteht lediglich
in seinem Dolus[110].

Eigenthümlich gestaltet sich der Versuch bei den hier behandelten Fällen der negativen Thäterschaft. Die ganze vom Thäter
gelieferte Causalität, aus welcher sich der Erfolg entwickelt, ist
bereits abgeschlossen, wenn der Thäter den dolus subsequens faßt.
Von diesem Momente an liegt daher für den Thäter ein beende-

---

[109] von Buri im Gerichtssaal 1869 S. 200 flde. Daher ist derjenige Urheber,
der einen Polizisten mit Gewalt hindert, einem Verbrecher entgegen zu treten:
der einen guten Schwimmer, welcher einem Ertrinkenden beispringen will,
mit Gewalt oder durch Erregung eines Irrthums davon abhält, z. B. indem er ihm einredet, das im Wasser Befindliche sei ein Thier.

Die Probe auf die Causalität ist hier dieselbe wie gewöhnlich: der das
Hinderniß des Erfolges Hinwegräumende ist dann Urheber des letzteren,
wenn, seine Thätigkeit hinweggedacht, der Erfolg nicht eingetreten wäre.
Freilich wird die Entscheidung in facto oft schwierig sein.

[110] In dem Anm. 109 behandelten Falle wäre also, wenn es dem Urheber gelingt, den Andern von der Rettung abstehen zu machen, indem er ihm den
Tod des Ertrinkenden als ein erwünschtes Ereigniß darstellt, der Nicht-
rettende nicht Urheber im juristischen Sinne.

ter Versuch vor, und ein Rücktritt ist nicht durch Sinnesänderung, sondern nur durch thätige Reue möglich.[111])

§ 12.

c. Die negative Theilnahme im Besonderen.

Auch hinsichtlich des Anstifters und Gehülfen gilt der Satz, daß ein bloßes Nichtthun keine physischen Wirkungen hat[112]). Aber dieser Satz ist hier nicht allein entscheidend, weil eine Theilnahme am Verbrechen nicht allein durch physische Causalität, sondern auch durch die auf den Willen der Theilnehmer ausgeübte intellectuelle Causalität begangen werden kann. Letztere kann aber allerdings in einem rein passiven Verhältniß begründet sein. Denn wenn von einer Person nach Lage der Sache oder vermöge ihrer besonderen Verhältnisse ein Eintreten gegen das Verbrechen und eine Hinderung des verbrecherischen Erfolges zu erwarten war, so kann, was natürlich im einzelnen Falle festzustellen ist, das negative Verhalten einer solchen Person von bestimmendem und förderndem Einflusse auf den Willen der Theilnehmer sein. Der Unterschied von Handlung und Unterlassung tritt daher in seiner Bedeutung hier zurück; so gewiß Niemand durch sein „Gesammt= verhalten" einen Menschen tödten kann, sondern nur durch eine bestimmte positive Handlung, so gewiß ist gerade das Gesammt=

---

[111]) Vergl. das S. 46 gegebene Beispiel.
Das Verhältniß ist ganz dasselbe, wie in dem Falle, daß der Thäter von Anfang an in doloser Weise thätig geworden ist.

[112]) Literatur bei Geib Lehrb. II. S. 388—394. Das röm. Recht bestraft Nichtverhinderung und Nichtanzeige bei einzelnen schweren Verbrechen, dem parricidium, crimen majestatis, der Münzfälschung, im Allgemeinen nicht. Für die richtige Ansicht beweist nicht (wie Ziegler, Theiln. nach der P. G O. S. 45 Note 1 annimmt) die l. 9 § 1 D quod met. caus. 9, 2, welche nur die civilrechtliche Gültigkeit eines zur Vertheidigung einer Person ge= schlossenen Abkommens behandelt.
Dagegen bestraft das Kan. Recht die Nichthinderung regelmäßig.
Das deutsche Recht bestraft die Nichthinderung bei einzelnen Verbrechen, so namentlich bei der Nothzucht, diejenigen, welche der Genothzüchtigten auf ihren Hülferuf nicht beigestanden haben, vergl. Osenbrüggen Ztschrft. f. Deutsch. R. Bd. 18 S. 82, Geib a. a. O. S. 390. Ueber die spätere Rechts= entwickelung s. Geib daselbst S. 391.

verhalten einer Person oft von größerem Einfluffe auf den Willen der Theilnehmer, als ein beſtimmter Act intellectueller Beein= fluffung. Es iſt daher die Möglichkeit nicht auszuſchließen, daß auch eine intellectuelle Urheberſchaft durch bloßes Nichtthun be= gangen werden kann. Andrerſeits iſt bei ſolchen Verbrechen, zu deren Weſen eine intellectuelle Einwirkung auf eine Perſon ge= hört, auch eine Thäterſchaft durch bloßes Nichtthun möglich, z. B. bei dem Verbrechen der Kuppelei, der Beleidigung, des Betruges, des öffentlichen Aergerniſſes [113].

Regelmäßig kommt eine intellectuelle Theilnahme durch Nicht= thun in den Fällen vor, wo der Thäter vermöge eines zwiſchen dem Unterlaſſenden und ihm beſtehenden Auctoritätsverhältniſſes er= warten mußte, daß ihn Jener von verbrecheriſcher Thätigkeit ab= halten werde. Hierher gehört das Verhältniß zwiſchen Aeltern und Kindern, Herrſchaft und Geſinde, Vormündern und Pflege= befohlenen, Beamten und ihren Untergebenen [114].

---

[113]) Dies war eigentlich bei der Betrachtung der neg. Thäterſchaft im vor. § zu bemerken. — Vergl. l. 6 pr. D. de jur. patr. 37, 14: Adigere jure jurando ne nubat liberta videtur etiam is, qui libertam jurare patitur, ferner Oppenhoff Comm. zu §. 180 num. 6 und den dort angeführten Be= ſchluß des Ob.=Trib., Merkel Crim. Abhandl. II. S. 137 flb. Auch Glaſer unterſcheidet die Wirkſamkeit der Unterlaſſung bei ſolchen Verbrechen, welche eine materielle Einwirkung auf die Außenwelt vorausſetzen und ſolchen, welche auf einer geiſtigen Einwirkung beruhen, S. 299 u. a. O. Er er= kennt indeſſen auch bei Verbrechen der letzteren Art die Unterlaſſung nicht als Urſache an (S. 323, 464, 503 u. a. O.), was ſich wohl daraus erklärt, daß Glaſer die negative Theilnahme, bei welcher die intellectuelle Cauſalität vorzugsweiſe vorkommt, überhaupt nicht berückſichtigen will.

[114]) Nach Röm. Recht wurde der Herr, deſſen Sclave sciente domino delinquirte, als Thäter angeſehen, anderufalls hatte er das Recht der noxae datio. L. 2 pr. D. de nox. act. 9, 4; l. 44 § 1 D. quod vi aut cl. 43, 24; l. 1 § 18 D. si fam. furt. fec. dic. 47, 6; Coll. XIV. cap. II § 3.

Im Gebiete des heutigen Rechts gehören hierher: die Beſtimmungen des Preuß. Holzdiebſtahlsgeſetz. vom 2. Juni 1852, vergl. § 361 zu 4, 9 des rev. Strafgeſetzbuches, ferner die §§ 174, 340, 341, 342, 357 St.=G.=B., § 143 des Mil. Strafgeſetzbuchs. —

Die hier entwickelten Grundſätze haben auch für das Deutſche St.=G.=B. Gültigkeit. Daſſelbe enthält keine allgem. Vorſchriften über die negative Theilnahme; die Specialbeſtimmungen der §§ 139, 340, 341, 343, 354, 357 ergeben, daß daſſelbe die Nichthinderung eines ſtrafrechtswidrigen Erfolges

§ 13.

3. Die fahrläſſige Theilnahme.

Die Bezeichnung „fahrläſſige Theilnahme" begreift ihrem Wortlaute nach zwei Fälle unter ſich, nehmlich die fahrläſſige Theilnahme am doloſen Verbrechen und die Theilnahme am fahrläſſigen Verbrechen.

1. Eine fahrläſſige Theilnahme am doloſen Verbrechen iſt im Allgemeinen ſchon deshalb ausgeſchloſſen, weil Niemand bei der Geſtaltung ſeiner Thätigkeit von der Annahme auszugehen braucht, daß ein Anderer ſich eines doloſen Bruchs der Rechts= ordnung ſchuldig machen werde [115]). Sofern aber wirklich Jemand am doloſen Verbrechen eines Dritten fahrläſſig be= theiligt iſt, was z. B. der Fall ſein kann beim Anſtifter hinſichtlich der vom angeſtifteten Thäter begangenen Exceſſe, liegt keine Theilnahme im juriſtiſchen Sinne vor, ſondern Jeder haftet aus eigener Perſon ſelbſtſtändig, und es ſteht dem doloſen ein fahrläſſiger Thäter gegenüber [116]).

2. Theilnahme am fahrläſſigen Verbrechen [117]). Die herrſchende Meinung beſtreitet die Möglichkeit einer ſolchen und zwar deshalb, weil der Wille des fahrläſſigen Thäters überhaupt nicht auf das Verbrechen gerichtet ſei und deshalb weder eine Gemeinſchaftlichkeit des Willens der Theilnehmer, noch ein qualitativer Willensunterſchied denkbar ſei [118]). Dieſer Grund iſt indeſſen unſtichhaltig. Auch im fahrläſſigen Verbrechen wird ein ſtrafrechtswidriger Wille geſtraft, welcher zwar nicht auf den verbrecheriſchen Erfolg gerichtet iſt, wohl aber auf

---

nicht als Verurſachung betrachtet, und eine ſolche Nichthinderung iſt daher nur in Gemäßheit der in dieſem und dem vor. § entwickelten Grundſätze ſtrafbar.

[115]) Der entſtehende Schade erſcheint hier gleichſam an eine condicio impossibilis geknüpft. Bekker, Syſt. S. 607.

[116]) Koeſtlin Neue Rev. S. 561.

[117]) Literatur bei Geib Lehrb. II. S. 371. Für die Möglichkeit einer ſolchen Theilnahme namentlich: Martin Crim.=R. §. 75, Schütze Nothw. Theiln. S. 182—180, vergl. auch Berner Lehrb. S. 190.

[118]) Vergl. z. B. Berner Theiln. S. 212—214, Schwarze Commentar S. 139.

die Handlung, aus welcher dieser Erfolg hervorgeht (§ 2). In Beziehung auf diesen auf die Handlung gerichteten Willen ist daher ebensosehr eine Gemeinschaftlichkeit des Wollens wie ein qualitativer Willensunterschied möglich. Der Unterschied des Urhebers und Gehülfen ist daher beim fahrlässigen Verbrechen ganz analog zu bestimmen, wie beim dolosen: der Urheber beim fahrlässigen Verbrechen will die Handlung, aus welcher sich der Verbrechenserfolg entwickelt, selbst begehen, der Gehülfe will die Begehung unter=stützen [119]).

Die entwickelten Grundsätze über die Theilnahme und die Bestimmungen des deutschen Strafgesetzbuchs über diese Materie finden deshalb im Allgemeinen auch auf das fahr=lässige Verbrechen Anwendung [120]); wer die Möglichkeit einer

---

[119]) Zur Erläuterung diene folgendes Beispiel:

A, B und C schießen zusammen im Garten des C nach der Scheibe. Da bemerkt A, wie ein Dritter auf den Gartenzaun klettert und von dort aus einen an der Grenze stehenden Obstbaum plündert. Er macht den C darauf aufmerksam und fordert ihn auf, da er ein guter Schütze und die Entfernung nur gering sei, den Dieb dadurch zu erschrecken, daß er einen in einiger Entfernung über dem Kopfe desselben hängenden Apfel herunter=schießen solle. C geht darauf ein, läßt sich von B, welcher Alles gehört hat, dessen gerade geladene Pistol geben, schießt und verwundet den Obstdieb. Hier wäre A Anstifter, B Gehülfe, C Thäter einer fahrlässigen Körperver=letzung. Alle Drei haben den Willen, daß der gefährliche Schuß abgegeben werde, aber im Uebrigen ist ihre Willensrichtung so verschieden, wie bei der Theilnahme am dolosen Verbrechen.

[120]) Ein hieher gehöriger Fall aus der Preuß. Praxis bei Goltdammer Arch. VIII. S. 201 flb.

Jemand hatte drei Arbeiter angenommen, um Steine zu sprengen, welche nahe bei seiner Scheune lagen und zu deren Sprengung er die polizeiliche Genehmigung nur unter der Bedingung erhalten hatte, daß er die Steine vorher fortschaffe. Er ließ, ohne dies zu thun, die Sprengung vornehmen, wodurch eine Feuersbrunst entstand. Das Ob.=Trib. verurtheilte ihn wegen fahrlässiger Brandstiftung aus dem Gesichtspunkte, daß er die Arbeiter zu einer an sich verbotenen Handlung (§ 347 zu 7 des Preuß. St.=G.=B.) vorsätzlich bestimmt habe und für die nicht vorhergesehenen Folgen dieser Handlung haften müsse, wie der Anstifter überhaupt für Excesse des Thäters.

In diesem Falle ist es aber nur zufällig, daß die schädliche Handlung an sich verboten war, und schwerlich dürfte die Beurtheilung eine andere

Theilnahme hier bestreitet, muß consequenterweise auch die
Trennung des Strafantrags bei einer Mehrheit der Theil=
nehmer zulassen (§ 63 Str.=G.=B.), eine Folgerung, welche
dem Rechtsgefühl stark widersprechen würde.

---

sein, wenn, wie im Falle der vorigen Anmerkung, die Handlung als solche
gegen kein Strafgesetz verstößt. —

Der Anstifter ist natürlich nicht verantwortlich, wenn die Fahrlässigkeit
in der Art der Ausführung seines Auftrages liegt.

Nachweisung

der in dieser Dissertation citirten Schriften.

von Bar, Zur Lehre vom Versuch und von der Theilnahme am Verbrechen, Hannover 1859.

— Die Lehre vom Causalzusammenhang im Recht, Leipz. 1871.

Bauer, Abhandlungen aus dem Strafrecht und dem Strafproceß, Götting. Th. 1. 1840, Th. 2. 1842.

Bekker, System des deutschen Strafrechts Th. 1. 1859.

Berner, Die Lehre von der Theilnahme am Verbrechen, Berl. 1847.

— Grundsätze des Preuß. Strafrechts, Leipz. 1861.

— Gutachten für den deutschen Juristentag, Berl. 1876.

— Lehrbuch des deutschen Strafrechts, 8. Aufl., Leipz. 1876.

Binding, Die Normen und ihre Uebertretung, Th. 1. Leipz. 1872.

a Brock (Cocceji) de socio criminis, Francof. ad Viodr. 1701.

de Boehmer, meditationes in const. crim. Carol. Hal. Magdeb. 1770.

von Buri, Abhandlungen aus dem Strafrecht, Gießen 1862.

— Ueber Begehung von Verbrechen durch Unterlassung im Gerichtssaal 1869 S. 189—218.

— Zur Lehre von der Tödtung in Goltdammer Archiv f. Preuß. Strafr. XI. S. 753—765, 797—806, XII. S. 3—10.

— Ueber Theilnahme am Verbrechen im Gerichtssaal 1870 S. 1—53, 81—123, 275—288.

— Ueber Causalität und deren Verantwortung, Leipz. 1873.

Carpzov, practica nova imperialis Saxonica rerum criminal. observat. aucta v. J. S. F. Boehmer Francof. ad Moen. 1758.

Clarus, Julius, practica criminal. seu sententiar. receptar. libri V. Genevae 1739.

Feuerbach, Revision der Grundsätze und Grundbegriffe des posit. peinl. Rechts, Chemnitz 1800.

— Lehrbuch der gem. in Deutschland gültigen peinlichen Rechts, Gießen 1808.

Fuhrmann (Falckner) de jure complicum in delictis, Jenac 1663.
Geib, Lehrbuch des deutschen Strafrechts, Th. 2. Leipz. 1862.
Geyer, Z. Lehre vom Dolus generalis und vom Causalzusammenh. in Goltb. Arch. XII. S. 239—246.
— Erörterungen über den allgem. Thatbestand der Verbrechen nach Oesterr. Recht, Innsbr. 1862.
— Theilnahme am Verbrechen in v. Holtzendorff Handbuch des deutsch. Strafr. Berl. 1871 S. 321—417.
Glaser, Abhandlungen aus dem Oesterr. Strafrecht Th. 1. Wien 1858.
— Gesammelte kleinere Schriften Th. 1. 1868.
Guenther (Westphal), deconsortibus et adjutoribus criminum, eorumque poena et noxa Hal. Magdeb. 1760.
Haelschner, Das Preuß. Strafrecht Th. 2, Bonn 1858.
Haeberlin, über Dolus generalis in Goltdammer Archiv XI. S. 541—554.
Heffter, Lehrbuch des deutschen Criminalrechts 6. Aufl. 1857.
Hepp, Zur Lehre von der Theilnahme am Verbr. im Arch. des Cr. R. St. I. 1846 S. 313—359. 1848 S. 268—309.
Kitka, Ueber das Zusammentreffen mehrerer Schuldigen bei einem Verbrechen und deren Strafbarkeit, Wien 1840.
Koestlin, Neue Revision der Grundsätze des Criminalrechts 1845.
— System des deutschen Strafrechts Th. I, Tübing. 1855.
Krug, Ueber Dolus und Culpa 1854.
— Commentar z. Strafgesetzbuch f. das Königreich Sachsen, 4. Abtheil. Leipz. 1858.
— Zur Frage vom Dolus generalis in Goltdammer Archiv X. S. 734—745.
Langenbeck, Die Lehre von der Theilnahme am Verbrechen, Jena 1868.
Luben, Abhandlungen aus dem Strafrecht Bd. 2. 1840.
— Handbuch des gem. deutschen und particularen Strafrechts Bd. 1 Jena 1847.
Marezoll, Das gemeine deutsche Criminalrecht als Grundlage der neueren deutschen Strafgesetzgebungen, 3. Aufl. Leipz. 1856.
Martin, Lehrbuch des gem. deutschen Criminalrechts 1820.
Matthaeus, de criminibus ad libros 47 et 48 Dig. Comment-Vesaliae 1672.
Merkel, Criminalistische Abhandlungen 1867.
Meyer, Lehrbuch des deutschen Strafrechts. Erl. 1875.
Mill, System der Logik, übers. von Gomperz Bd. 2. 1872.
Mittermaier, Begriff, Arten und Strafbarkeit des Urhebers im N. A. des Crim. III S. 125—150.
— Beiträge z. Lehre vom Versuch, daselbst I, 163—202.
Muenchen, des kanon. Gerichtsverfahren und Strafrecht Cöln 1874.
Oersted, Ueber die Grundregeln der Strafgesetzgebung, Kopenhag. 1818.

Oppenhoff, Das Strafgesetzbuch für das deutsche Reich erläutert. 5. Aufl. Berlin 1876.

Osenbrüggen, Theilnahme am Verbrechen nach altdeutschem Recht in Ztschrft. f. deutsch. Recht XVIII. S. 82 flb.

von Quistorp, Grundsätze des deutschen peinl. Rechts Th. 1. Rostock 1794.

Rein, Das Criminalrecht der Römer, Leipz. 1844.

Roßhirt, Lehre von der Anstiftung z. Verbrechen im Arch. des Cr. R. N. F. 1851 S. 498—553, 1852 S. 378—412.

Schröter, Handbuch des peinl. Rechts, Leipz. 1818.

Schwarze, Ueber den Umfang der Zurechnung des Erfolges in Goltdammer Arch. X. S. 216—225, 326—336.

— Commentar zum Strafgesetzbuch für das deutsche Reich 3. Aufl. Leipz. 1873.

Schuetze, Die nothw. Theilnahme am Verbrechen, Leipz. 1869.

— Studien zum deutschen Stragesetzbuch in Goltdammer Arch. 1873.

— Lehrbuch des deutschen Strafrechts Leipz. 1871, 2. Aufl. 1874.

Stübel, Ueber den Thatbestand der Verbrechen, Wittenberg 1801.

— Die Theilnahme am Verbrechen, Dresden 1828.

Temme, Lehrb. des preußischen Strafrechts, Berl. 1853.

Iittmann, Von den Urhebern und Gehülfen im N. A. des Criminalrechts II S. 369—392.

Stryk, de imputatione facti alieni, Halae 1705.

Waechter, Lehrbuch des Römisch-Deutschen Strafrechts, Stuttgart 1825. 1826.

Wilda, das Strafrecht der Germanen, Halle 1842.

Zachariae, Lehre vom Versuch des Verbrechens 1836. 1839.

— Zur Lehre von der Theilnahme im Arch. des Criminalrechts N. F. 1850 S. 265—286, das. 1851 S. 209—225.

Ziegler, Die Theilnahme nach der Peinlichen Gerichtsordnung, Marburg 1855.

Lebenslauf.

Am 13. März 1853 wurde ich als der älteste Sohn des da=
maligen Kreisrichters, jetzigen Präsidenten des Evangelischen Ober=
Kirchenraths Hermes und dessen Ehefrau Antonie geborenen
Harder zu Voitzenburg U. M. geboren. Ich bin evangelischen
Glaubens. Den ersten Schulunterricht erhielt ich in den Jahren
1859 bis 61 auf der höheren Bürgerschule zu Coblenz a. Rh.
Zu Michaelis 1862 wurde ich, nachdem meine Aeltern hierher
übergesiedelt, in die Sexta des Kgl. Friedrich=Wilhelms Gymna=
siums hierselbst aufgenommen und absolvirte dessen sämmtliche
Klassen bis Michaelis 1870. Demnächst widmete ich mich 3 Jahre
hindurch dem Studium der Rechte und zwar von Ostern 1871
bis dahin 1872 an der Universität zu Heidelberg, während der
übrigen Zeit an der hiesigen Hochschule. Vorlesungen habe ich
gehört bei den Herren Professoren und Docenten: Behrend, Dove,
Gneist, Herrmann, Hübner, Ad. Kirchhoff, G. Kirchhoff, Lewis,
Michelhaus, Wiedscheid und Zeller, und bei den jetzt schon ver=
ewigten Professoren Gruppe, Rudorff und Zöpfl. Ferner habe ich
den kirchenrechtlichen Uebungen des Herrn Professors Dr. Hinschius
beigewohnt. Allen diesen Herren danke ich aufrichtig für die mir
erwiesene Förderung und Belehrung.

Im Herbst 1873 wurde ich nach bestandenem Examen zum
Kammergerichts=Referendarius ernannt und habe seitdem den vor=
geschriebenen Ausbildungsgang in der practischen Beschäftigung
verfolgt.

Thesen:

I.

Concordate sind völkerrechtliche Verträge.

II.

Der Wilddieb wird nach gemeinem und nach Preußischem Recht Eigenthümer des von ihm occupirten Wildes.

III.

Der Grundsatz „Hand muß Hand wehren" repräsentirt ein allgemeines Princip des älteren Deutschen Sachenrechts.

IV.

Im Preußischen summarischen Proceß geschieht die Erklärung auf einen zugeschobenen Eid rechtzeitig, wenn dieselbe im ersten Termine zur mündlichen Verhandlung erfolgt.

V.

In l. 4 § 2 D. de lege Rhod. 14, 2 enthält der Passus sed distinctio subtilior — duo antem collationis sunt eine auf unrichtiger Rechnung beruhende, daher unanwendbare Unterscheidung.

VI.

Der Begriff des Versuchs läßt sich nur gegenüber der Vollendung, nicht gegenüber den Vorbereitungs=Handlungen feststellen.

www.ingramcontent.com/pod-product-compliance
Lightning Source LLC
Chambersburg PA
CBHW031745090426
42739CB00008B/893